**CÃO GELADO**

Filipe Isensee

# CÃO GELADO

Cobogó

Filipe Isensee

# CÃO GELADO

O Núcleo de Dramaturgia Firjan SESI foi criado em 2014 com o objetivo de descobrir e desenvolver novos autores de teatro no estado do Rio de Janeiro. De cada turma, selecionada através de inscrições, resultam textos inéditos, publicações e a montagem de um espetáculo teatral na rede de teatros da Firjan SESI.

De março a dezembro de 2019, os novos autores tiveram a oportunidade de trocar experiências e estimular a criação de dramaturgias que expressem novas visões de mundo e dialoguem com diferentes públicos. Tudo isso através de estudos, oficinas, palestras, bate-papos e leituras voltadas à formação em dramaturgia.

Os textos desenvolvidos foram encenados na Terceira Semana do Núcleo de Dramaturgia Firjan SESI, realizada em outubro de 2019 no Instituto Oi Futuro – Flamengo, parceiro do projeto. Na ocasião também foram promovidas conversas com nomes importantes do teatro brasileiro.

Esta publicação apresenta uma das várias dramaturgias finais desenvolvidas pela quinta turma (2019), resultado do estudo, da pesquisa e do turbilhão criativo que envolveu os 15 participantes nesses dez meses de Núcleo.

Boa leitura!

**Divisão de Cultura e Educação**
**Firjan SESI**

## SUMÁRIO

As coisas não vão acontecer assim,
diz a dramaturgia, por Diogo Liberano  9

**CÃO GELADO**  17

Vestir-se de sim e de cão,
por Filipe Isensee  87

## As coisas não vão acontecer assim, diz a dramaturgia

Ó a voz do texto aqui, ó. Ó a voz do texto. Ouve: *cão gelado* é uma dramaturgia criada pelo autor Filipe Isensee durante as atividades da quinta turma (2019) do Núcleo de Dramaturgia Firjan SESI. Feita com palavras, não é no entanto uma dramaturgia que teme pintar imagens insólitas e múltiplas, fundar atmosferas mutantes e geografias ocultas, dando a ver e fazendo ouvir aquilo que não se pode tocar, mas que se pode sentir: um cheiro, alguma coragem, medos e memórias sem fim, sons diversos e mais um punhado de mil saudades.

Nesta trama, acompanhamos duas irmãs, Alfonsina e Ana, que vivem numa ilha que está em guerra, a Ilha de Lá. Faz quatro anos, as duas estão trancadas em suas casas e foram compulsoriamente afastadas de seus respectivos filhos, Martin e Acácio, convocados para lutar na dita guerra. Foi informado: em Lá, uma guerra está acontecendo. Disseram. Mas quem disse? Apenas disseram. Mas quem? Jamais saberemos? Há uma guerra em curso, fiquem em casa, não promovam encontros, não celebrem a vida, enfim, não vivam: disseram eles, provavelmente eles, um punhado de homens tristes.

Quando a dramaturgia começa, Alfonsina está, tal como preza o costume de Lá, enterrando o corpo do próprio filho morto em alto-mar, afundando-o num pequeno barco repleto de pedra e lembrança, pedra e lembrança. No entanto, como mãe e professora, ainda que muitas coisas em Lá não façam sentido Alfonsina sente que estão mentindo para ela: "Receber uma fita dizendo que o filho sofreu um acidente e reconhecer no rosto do filho a expressão de quem gritou muito. Dedos sujos, alguns sem unha...". *cão gelado* nasce, então, da suspeita de alguém (tanto o autor Filipe como a personagem Alfonsina) que sabe confiar do mesmo modo como colocar determinada coisa ou discurso sob suspeita.

São, portanto, duas guerras que estão em curso nesta dramaturgia: uma guerra imposta pela disseminação da palavra "guerra" e outra empreendida pela força de uma mulher que ousa desconfiar daquilo que tal palavra efetivamente parece esconder. E o que anima a vitalidade do texto é justamente a conversa que o autor consegue tramar entre uma linha narrativa e outra, entre um medo política e publicamente instituído e a paixão de uma mãe que não se conforma que a morte seja tão somente um ponto-final e intransponível.

Durante as atividades da quinta turma do Núcleo, de março a dezembro de 2019, realizamos 38 encontros, cada qual com três horas e meia de duração, um por semana. Nesse longo percurso, a pergunta que nos animava era o que uma dramaturgia poderia ser. O que você deseja que sua dramaturgia possa ser? É em resposta a tal indagação que a trama de Isensee se constrói e apresenta, sustentada pelos desejos do autor não apenas de compor sua trama, mas de oferecer à realidade do Brasil contemporâneo algum contraponto capaz de fazer frente à tristeza nacional que ocupa a nossa presidência.

Nesse sentido, tanto o autor quanto a sua dramaturgia parecem confiar que não haverá como construir outro mundo possível alheio à realidade massacrante que se impõe sobre nós, brasileiras e brasileiros. É por meio do jogo ficcional, porém, que a realidade imposta pelo medo é desafiada e desfiada para que possam surgir outras dinâmicas afetivas e relacionais. Por isso, a presente dramaturgia é escrita em diálogo, faz-se em conversa: ela reconhece e escreve os horrores de uma guerra, mas sobretudo o faz para que possam brilhar com ainda mais urgência o amor e todas as insignificâncias que só o amor faz nascer, circular e agigantar.

Sabiamente, Isensee nos diz: "A guerra sufoca as insignificâncias, queima os enfeites. E cada um que invente um jeito de viver assim". Eis, então, *cão gelado*: um jeito inventado para que possamos inventar outros jeitos de viver que não apenas e tão somente o único jeito que nos foi "possibilitado". Na busca por validar tal propósito, o autor investe de modo intensivo e explícito na poeticidade de seu texto. O texto enquanto poema é o modo encontrado e apurado para conjurar uma história que é simultaneamente resposta, denúncia e proposição, ou seja, a história de duas mulheres que vencem o medo:

**ANA:** Alfonsina, você também não tem a sensação de que, qualquer dia desses, alguém vai aparecer na sua casa, vai pedir pra você sorrir pruma câmera que estava escondida e você nem tchum? Vai dizer é pegadinha, sua trouxa. Tá tudo bem. Lá não tá em guerra. Seu filho, ó, tava dormindo esse tempo todo. O cão tá vivíssimo. Toma aqui um dinheirinho, obrigado por participar. Não seria bom se isso acontecesse, Alfonsina? Eu ficaria com raiva, claro. Quatro anos. Mas ruim não seria. Não seria mesmo.

**ALFONSINA:** As coisas não vão acontecer assim, minha irmã. Mas confia: esta é a história de como nos salvamos.

Feita de modo singular e fantástico, ambientada numa geografia inventada e delicadamente enfeitada, esta dramaturgia é narrada por Sim, o cão que morreu engasgado comendo uma fita cassete e que foi congelado por sua dona, Ana, que espera o retorno de seu filho Acácio para enterrar devidamente o cão. No entanto, é curioso: o cão que narra é mais do que um narrador, é bem mais que um personagem, o cão é também uma presença corpórea e nominal para um punhado vasto de memórias. É Sim, o cão, que faz circular pela dramaturgia as tais insignificâncias do amor, as descrições pequenas e inesquecíveis de alguns gestos, os calores de alguns afagos ínfimos, os mistérios infinitos do que se passa entre nós, humanos, quer saibamos ou não nomear tais sentimentos.

É inundando a vida do texto com as memórias de seus personagens e confundindo os limites do que eles vivem com aquilo que sonham que *cão gelado* desafia e destrona o império da guerra. No oceano que é esta dramaturgia, vida e sonho são espécies distintas, mas que nadam juntas e, eventualmente, se enroscam e apaixonam. Vida e sonho como organismos misteriosos, prenhes de discursos, ações e gestos. Vida e sonho como narrativas que, guardadas as suas especificidades, produzem afetações tanto nos corpos dos personagens como em nós, seus leitores. É assim que se vai construindo um texto-aventura interessado em devolver a um punhado de vidas humanas o direito aos encontros presenciais e à presença festiva do toque; vidas que não mais permitem ser legisladas pelo medo, que precisam fazer roda, fazer sopa, viver encontros e seus brindes.

 *cão gelado* é saldo do último jogo realizado pela quinta turma do Núcleo. O Jogo #5 – Dramaturgia final foi iniciado em fins de setembro de 2019 com a entrega de suas regras à turma. No início de outubro, cada autor(a) realizou um encontro individual comigo, no qual fizemos a leitura de um texto (no mínimo três, no máximo cinco páginas) que listava os desejos que animavam a criação de sua dramaturgia final. Nesse encontro-conversa, com duração de uma hora, abriram-se caminhos, perguntas e referências para o processo de composição textual. Um mês após esse encontro, já em novembro, a primeira versão do texto (completa ou não) foi enviada a mim. Fiz uma única leitura comentada e enviei para o(a) respectivo(a) autor(a) um arquivo de áudio com tal leitura. A versão final da dramaturgia, com no mínimo 31 páginas, foi enviada 15 dias após o recebimento dos meus comentários.

 É difícil afirmar, no entanto, quando esta dramaturgia começou a ser gestada, pois os encontros do Núcleo são estimulantes à criação, quer se saiba estar criando ou não. Eis um investimento: a coletividade daquele encontro específico de pessoas que, nutridas por um interesse em comum (estudo e criação de dramaturgias), acabam compondo mais do que apenas textos, compõem também intimidade, confiança e mútuo respeito. Nesse sentido, *cão gelado* é também uma resposta textual e afetiva a um percurso que mesclou repertórios conteudísticos e subjetivos num espaço-tempo sempre dedicado à troca e à partilha. Esta foi e continua sendo uma das principais investidas do Núcleo: dedicar-se à diversidade de modos de criação dxs autorxs que compõem suas turmas. Pois se este projeto está interessado na formação de pessoas interessadas na escrita de dramaturgias, como determinar de antemão o que é dramaturgia? Há um modelo único do que deva ser uma dramaturgia? Ou ainda podemos inventar outros modos para compô-las?

Como coordenador do Núcleo, registro a minha satisfação em ter a Cobogó publicando dramaturgias criadas nesse projeto. Já são nove: além de Isensee e *cão gelado*, também *Pra onde quer que eu vá será exílio*, de Suzana Velasco, e *Das Dores*, de Marcos Bassini. Somam-se a estas as publicações da quarta turma (2018): *SAIA*, de Marcéli Torquato, *Só percebo que estou correndo quando vejo que estou caindo*, de Lane Lopes, e *DESCULPE O TRANSTORNO*, de Jonatan Magella; e as dramaturgias da terceira turma (2017): *ROSE*, de Cecilia Ripoll, *Escuta!*, de Francisco Ohana, e *O enigma do bom dia*, de Olga Almeida.

Às autoras e aos autores da quinta turma do Núcleo – Agatha Duarte, Filipe Isensee, Gabriela Chalub, João Ricardo, Leonardo Finckel, Lúcio Martínez, Marcos Bassini, Mayara Maximo, Paulo Barbeto, Sergio Lipkin, Sonia Alves, Suzana Velasco, Teo Pasquini e Tiago Torres –, agradeço pelas experiências que vivemos juntxs.

Em especial, agradeço ao coordenador de cultura e educação Firjan SESI, Antenor Oliveira, e aos analistas culturais Robson Maestrelli e Júlia Santos por tornarem possível a existência e a continuidade de um projeto tão importante para a dramaturgia brasileira.

**Diogo Liberano**
Coordenador do Núcleo de Dramaturgia Firjan SESI

# CÃO GELADO

de **Filipe Isensee**

à mãe, ao pai, à irmã,
ao amor, ao núcleo, ao cão

*Perdeste o melhor amigo.*
*Não tentaste qualquer viagem.*
*Não possuis carro, navio, terra.*
*Mas tens um cão.*

    Carlos Drummond de Andrade

*Olhar bem para as coisas que de repente*
*deixaremos de ver para sempre.*

    Aníbal Machado

## QUADRO O – ESTA HISTÓRIA É CONTADA POR UM CÃO QUE MORREU

*O cão não morde, nunca mordeu, o cão late, sempre latiu. Depois de latir, o cão diz:*

**SIM:** Vou traduzir o que acabei de latir: ó a voz do cão aqui, ó. Ó a voz do cão. Essa história se passa em Lá, uma ilha em guerra, e é contada por mim, um cão que morreu após tentar comer esta fitinha e engasgar e ser congelado por uma de suas donas. Coisas de que gosto: porta abrindo. Bolinha rolando. Petisco. Frango suculento, com aquele torradinho que parece queimado, mas não é. Vamos passear? Pode subir, Sim. Bom menino. Calopsita. Sim. Sim. Sim. Coisas de que não gosto: desce. Já volto. Vamos medir a temperatura? Banho. E a patinha? Coleira. Bomba. Eleição. Não. Não. Não.

Meu maior medo: o esquecimento. Uma certeza: é na morte que a memória brilha mais. A memória é como o cão que foge do banho, mas não nega comida. Conto o que conto na companhia dela. Ouve. Aqui do lado, ó. Fiel como um cãozinho. Suja como um cãozinho. Faminta como um cãozinho.

## QUADRO 1 – O PRIMEIRO BANHO: ALFONSINA E MARTIN

*Uma mãe ajuda a dar banho no filho.*
*O banho começa na infância e termina no tempo presente.*

*O rapaz é muito magro e tem machucados espalhados pelo corpo sujo.*
*A água ajuda a limpar o que é possível. As mãos da mãe organizam a espuma no cabelo do filho. Depois desorganizam.*

*Alfonsina é o nome da mãe.*

**ALFONSINA:** Tava brincando, né? Esses menines. Todo sujo. Disse pra você não ir, não disse? Disse. Amanhã, remédio de piolho, porque... hoje... não posso demorar. Tem sopa, viu? Já no fogão. Eita, menino. Todo, todo, todo. Orelha. Essas unhas. Vixe. Nunca vi. Que coisa boa, hein?

*A mãe esfrega com força e ternura, força e ternura. O filho calado, quieto. Dizer o quê?*
*A mãe seca o molhado com a toalha.*

*Depois entrega cueca, calça, blusa, meias e chinelos. O filho coloca peça por peça.*
*Ouve a mãe com atenção de filho: os ouvidos nela, os olhos longe.*

**ALFONSINA:** Gosto muito daquele poema que diz no meio do caminho tinha uma pedra, tinha uma pedra no meio do caminho. Falo sempre nos primeiros dias de aula. E dos 30 alunes da turma, uns 25 reviram os olhos assim, ó. Bobagem. Os olhos assim, ó. Que porra de pedra. Não me esforço pra desvirar. Vejo os menines crescendo, encabelando, ganhando dobra, filho. Eles não me dizem, mas eu escuto. Nunca me esquecerei desse acontecimento na vida de minhas retinas tão fatigadas. Nunca me esquecerei que no meio do caminho tinha uma pedra, tinha uma pedra no meio do caminho, no meio do caminho tinha uma pedra. A gente não esquece.

*A mãe penteia o cabelo do filho. Que olhar bonito o dela pra ele!*
*Ele anda com dificuldade, mas a mãe o conduz até um barco. Ele se deita ali, fecha os olhos, em paz. Mãos cruzadas sobre o peito.*
*Alfonsina coloca flores ao redor do corpo do filho.*

**ALFONSINA:** No último dia de aula, antes de deixar a sala, digo: olhar bem para as coisas que de repente deixaremos de ver para sempre. Também não explico. Mas os olhos já não reviram tanto. Alguém pode ajudar a levar meu filho? Ana, minha irmã, me ajuda? Hoje eu vou chorar, mas amanhã decido o que fazer com a sopa que sobra lá em casa. Alguém ajuda? Alguém?

*O nome do filho é Martin.*
*Com a força que tem, e sozinha, Alfonsina empurra o barco em direção ao mar.*

## QUADRO 2 – TODA CASA EM LÁ SOFRE COM INFILTRAÇÃO

*Quanto mais se avança, mais se tem mar. Só após se esgotar de mar é possível ver um punhado de terra que flutua: a Ilha de Lá.*
*Mira, é Alfonsina quem segue em direção ao mar. Alfonsina de Lá.*

**SIM:** Por aqui, enterramos nossos mortos no mar. Gastei uma vida pensando sobre a cor do mar da Ilha de Lá e nunca cheguei a uma conclusão que me fizesse parar de latir. Um dia o mar pode ser azul, quase verde, de tão doce. No outro, amarelo-roxo, de tão fúnebre. Olho Alfonsina e Martin agora. A mãe, ó, ó ali, ó, afundando o filho com pedra e lembrança, pedra e lembrança. E não é um mar quase mel, de tão amargo, que vejo? É o mar ou são meus olhos? Ou é a dor? Aprendi poesia com Alfonsina.

**ALFONSINA:** Quando se acorda a primeira vez após a morte de um filho, após tentar dormir por muitas horas, em vão, esse acordar, esse acordar só, mais parece um desmaiar. Os olhos vão abrindo como se estivessem fechando. Faz sentido? Muita coisa em Lá não faz sentido.

**SIM:** Talvez não faça mesmo sentido, mas toda casa em Lá sofre com infiltração. A água sempre encontra um jeito. Por isso cabe aos cães, cães como eu, beber a água pra que casa nenhuma inunde. Por muito tempo tomei conta das casas de Alfonsina e de Ana. Ana foi a mamãe que me congelou. Só serei descongelado quando Acácio voltar da guerra. É o que ela diz. Mesmo morto sinto saudade. E fome. Fome desde sempre. Sou eu ou é minha memória?

Antes que esqueça. Minha música preferida: [*canta*] Com você, eu nunca mais fiquei sozinho. Meu totozinho, meu totozinho, meu totozinho, meu totozinho. Com você, eu nunca mais fiquei sozinho...

## QUADRO 3 – A PRIMEIRA CONVERSA DE ALFONSINA COM O GENERAL

*Este é o habitat do general: sala apertada, caixas, fitas dentro das caixas, gravador.*
*Num canto da mesa, cigarro aceso sobre o cinzeiro. No outro, nebulizador.*
*Fumaça e falta de ar, eis o general.*

*Ele não é velho. Longe disso. Ainda assim, carrega o peso de já ter vivido muito, talvez o suficiente. É um menino atrás do nome.*

**GENERAL:** Nome.

**ALFONSINA:** Tenho certeza de que sabe, Pedro, fui sua professora.

**GENERAL:** A conversa está sendo gravada.

**ALFONSINA:** Alfonsina.

**GENERAL:** Alfonsina de Lá. Moradora da casa laranja, número 38, na praça menor de Lá.

**ALFONSINA:** Estou aqui por quê?

**GENERAL:** Gritos, Alfonsina. Cuido dos gritos da Ilha de Lá.

**ALFONSINA:** Uma mãe não pode mais pedir ajuda pra afundar o filho?

**GENERAL:** Tudo que não é bomba e silêncio assusta. É a guerra, compreende?

**ALFONSINA:** Isso não vai se repetir, Pedro. Não tenho outro filho.

**GENERAL:** Me chame de general.

**ALFONSINA:** General?

**GENERAL:** Algum problema?

**ALFONSINA:** Você conhecia meu filho, não conhecia?

**GENERAL:** Ficava no extremo sul, como a maioria dos homens. Meus pêsames.

**ALFONSINA:** E como ele morreu, general, você sabe?

**GENERAL:** Não recebeu a fita com informações?

**ALFONSINA:** Recebi. Mas...

**GENERAL:** Mas?

**ALFONSINA:** Alguns dedos sem unha.

**GENERAL:** Ele se agarrou às pedras. A fita diz isso.

**ALFONSINA:** Difícil acreditar. Martin nadava tão bem. Talvez ouvindo da boca de um general.

**GENERAL:** Preciso repetir que a conversa está sendo gravada? Você entendeu, não entendeu?

**ALFONSINA:** Entendi.

**GENERAL:** Entendeu mesmo?

**ALFONSINA:** Ninguém mais vai ouvir um grito meu, general.

**GENERAL:** Mas vamos ouvir a fita juntos.

**ALFONSINA:** Não precisa.

**GENERAL:** Não quero que você saia daqui com dúvida sobre o que ocorreu. Um filho, afinal.

*General pega uma fita e coloca num toca-fitas. Uma voz grave e fria diz:*

**GRAVAÇÃO:** É com pesar que comunicamos a morte de Martin de Lá, filho de Alfonsina de Lá, morador da casa laranja, número 38, localizada na praça menor da Ilha de Lá. Martin morreu afogado durante um treino de salvamento no mar, realizado no mar escuro de Lá, no extremo sul da Ilha de Lá. Martin de Lá...

**ALFONSINA:** Pode parar, general?

**GRAVAÇÃO:** ... tinha 1,82 metro, setenta quilos. O coração, trezentos gramas.

**ALFONSINA:** Por favor, não tenho dúvida.

**GENERAL:** Você tem sorte, Alfonsina.

**ALFONSINA:** Sorte?

**GENERAL:** Mas desde que você se aposentou, as coisas mudaram por aqui.

**ALFONSINA:** Pedro foi meu aluno quando tinha 12 anos. Na escola, o chamavam de Pedro cecê. Motivos óbvios. Pedro foi o primeiro da turma a usar calças porque tinha vergonha dos pelos que começavam a crescer nas pernas. Num daqueles cadernos de perguntas que circulavam na turma, escreveu que os melhores amigos eram Igor e Joana. Ou Igordão e Joanta, como a turma os chamavam. Azul, a cor favorita de Pedro. O casamento seria aos vinte, com três filhos. Nada disso aconteceu. Como a maioria dos colegas, Pedro respondeu que, se pudesse ser um animal, seria um cão. Mas ele não conseguiu dizer quem levaria para uma ilha deserta, porque foi nesse momento que peguei o caderno. Nunca devolvi.

Pedro não era do grupo que revirava os olhos e dizia que porra de pedra. Ele preferia criar versões. No meio das pernas tinha uma perereca, tinha uma perereca no meio das pernas. Tenho apenas duas mãos e um pau maior que o mundo, mas estou cheio de calos... Foi a maneira que ele encontrou para sobreviver à turma.

**GENERAL:** Mais alguma coisa, Alfonsina?

**ALFONSINA:** Você tem notícias de Acácio?

**GENERAL:** Se sua irmã estivesse morta, aí sim você poderia ter notícias dele. Está tudo na fita que mandamos. Quer ouvir novamente?

**ALFONSINA:** Não precisa. Só achei que—

**GENERAL:** Você tem mais com o que se preocupar, Alfonsina. Não sabe que o cachorro que você ajudava a cuidar morreu?

**ALFONSINA:** O Sim?

**GENERAL:** Esse era o nome daquele bicho? Imaginei que sua irmã não tivesse contado.

*No meio do caminho, as bombas. Ó a guerra.*

**SIM:** Ao fim do dia, os moradores vão ouvir grandes explosões vindas do extremo sul da ilha, onde os soldados estão. Depois, barulho de helicópteros. Quem porventura olhar pro alto à procura de vestígio de fumaça ou de hélice rasgando o céu e balançando a copa das árvores não vai encontrar nada. Muita coisa em Lá não faz sentido. Mas os sons lembram que Lá está em guerra e que, em tempos de guerra, carece não duvidar do que se ouve e não se vê.

## QUADRO 4 – OS MAIS DE MIL SONHOS DE ANA COM O FILHO

*Imagine. A mãe vive numa casa simples feita também de barulho de mar. Da janela vê-se o farol. Que lindo. Há um insistente latido de cão. Ela se inquieta, mas não resmunga. Prefere cantarolar uma cantiga de roda, coisa antiga. Segue num lá lá lá baixinho.*

*Ana é o nome da mãe.*

*A sensação é de que o tempo parou. Resta a geografia da casa, suas miudezas.*

*Ela põe ração num pote cheio. No chão, além de pote e areia, um amontoado de brinquedos. Ali perto, uma máquina de costura. Alguns balões estão amarrados às cadeiras. Um bolo intocável enfeita a mesa e faz companhia às cebolas e aos tomates. Num canto, um balde recebe de boca aberta a goteira que cai do teto: ploc, ploc, ploc. Ela joga a água fora.*

*Ana carrega legumes e verduras enquanto dança timidamente. Usa vestido branco.*

**ANA:** Desde o dia em que Acácio foi pra guerra, ele volta todo dia em sonho. Quatro anos. Todo dia. Mil quatrocentos e sessenta e um jeitos de encharcar e secar, de abraçar e deixar ir. Se fecho os olhos, eu o vejo. Ele e seus olhos pretos, pretos, pretos. Só me falta encontrar petróleo neles.

*Acácio a observa.*

*São necessários alguns segundos para que ela o veja. Consequência do espanto, as mãos deixam escapar legumes e verduras. Caem no chão. Ficam por lá.*

**ANA:** Filho.

**ACÁCIO:** Cheiro bom de comida, mãe.

**ANA:** Como pode? Nem comecei a fazer, menino.

**ACÁCIO:** Não é bonito quando o cheiro vem antes?

**ANA:** Se você tá dizendo, meu filho.

*Sim fala no ouvido de Acácio, que repete em voz alta:*

**ACÁCIO:** Saudade, mãe, é coisa que ninguém escuta.

**ANA:** Você já tinha me dito isso em outros sonhos, filho. Disse e abraçou. Abraça.

**ACÁCIO:** Agora?

**ANA:** É, filho, abraça. Batuca minhas costas. Isso. Leve, como batidas do coração. Esse galope, esse cavalo que trago nas costas, me faz ter certeza de que você é você.

**ACÁCIO:** Eu sou, mãe.

**ANA:** E você não tá morto.

**ACÁCIO:** Não tô aqui batucando as costas?

**ANA:** Nos sonhos, eu digo: vamos repetir?

**ACÁCIO:** Tudo?

**ANA:** Quase tudo. Pra esticar o sonho, menino. Dessa vez, abraço mais forte e digo eu te amo mais alto. Você me conta de um dos seus aniversários.

**ACÁCIO:** Tá. Então coloca o vestido colorido. Prende o cabelo também.

**ANA:** E a música?

**ACÁCIO:** Coloca. Aquela. E o mar também. Aquele. E os latidos. A areia, mãe. O farol.

**ANA:** Eu acordo. Pela manhã, me olho no espelho e me vem um impulso de prender o cabelo e usar o vestido colorido, o mesmo que o filho pediu. Me sinto estranha.

**ALFONSINA:** Ana, você tá aí?

**ANA:** Fim do sonho 1461.

## QUADRO 5 – ALFONSINA VISITA A IRMÃ

**ALFONSINA:** Abre a porta. O general disse que o Sim morreu. É verdade? Não sabe do Martin? Acácio ligou, mandou fita? Tô preocupada, Aninha. Não tá na hora de sair de casa? Saudade, minha irmã. Eu sinto, e você?

**ANA:**

**ALFONSINA:** Houve uma época em que nossas casas eram uma só. Lembra? Os filhos correndo juntos.

**ANA:** [*baixinho*] Com o cão.

**ALFONSINA:** Costura um vestido pra mim e me dá de presente?

**ANA:**

**ALFONSINA:** E o Sim? Quero me despedir. Você sabe que Martin morreu? Você nem se despediu. Saudade é coisa que ninguém escuta, minha irmã.

**ANA:** Alfonsina.

**ALFONSINA:** Você tá aí? Você tá bem?

**ANA:** Saudade é o quê?

**ALFONSINA:** Saudade é coisa que ninguém escuta. Ouviu?

**ANA:** O Acácio tem me dito isso em sonho. Ouvi.

**ALFONSINA:** Eu sei, minha irmã. Nossos sonhos voltaram a se esbarrar. Como quando éramos pequenas, lembra? Abre a porta.

## QUADRO 6 – ANA EXPLICA A ALFONSINA POR QUE CONGELOU O SIM

**ANA:** Não tem mar. Não tem água-viva. Não tem vivo nem morto. Não tem sonho. Quatro anos. Não tem silêncio. Não tem infiltração. Não tem cão. Não tem guerra. Não tem, não tem, não tem, não tem. Tá me ouvindo, filho? Sonhar não tá suficiente. Quanta água cabe em quatro anos? E sua voz? E sua voz numa fita pra dizer tudo bem? E seu ouvido na nossa voz pra ouvir tudo bem? Por que você não retorna minhas fitas, Acácio? Olha eu aqui me repetindo. Me repetindo como uma colher na sopa.
Disse isso e mais um pouco na fita que o cão comeu. Coloquei a fita no envelope, fechei com raiva e saliva, raiva e saliva, mas o cão impediu que as palavras chegassem. Engasgou. Ó o que aconteceu. O barulho que o cão fazia, Alfonsina, parecia o de uma bomba. Dentro, dentro dele.

*Uma grande pedra de gelo.*
*Dentro do gelo, um cão.*
*O cão encolhido, de olhos fechados, parado no tempo. O focinho frio, frio, frio.*
*Alfonsina olha o cão. O que ela ouve?*

**ALFONSINA:** Por que você não me disse?

**ANA:** Sei lá. Raiva. Às vezes, ouço ele latir.

**ALFONSINA:** Acácio sabe?

**ANA:** Mandei outra fita falando do cão. Com mais calma, dessa vez.

**ALFONSINA:** Teve resposta?

*Ana faz que não.*

**ALFONSINA:** Lembra por que escolhemos Sim?

**ANA:** Porque todo cão é um sim. Esse, então...

**ALFONSINA:** Esse, então... A gente precisa fazer alguma coisa.

**ANA:** Me recuso a me despedir do cão sem o filho por perto.

**ALFONSINA:** Mais que isso, Aninha. Falo desse silêncio.

**ANA:** Estamos conversando, não estamos? Depois de tanto tempo.

**ALFONSINA:** Todo mundo dentro de casa.

**ANA:** Não era o que você queria, Alfonsina? Mudou de ideia?

**ALFONSINA:**

**ANA:** A última ligação foi há mais de seis meses. Acácio disse espera, minha mãe, e desligou.

**ALFONSINA:** Falou do Martin?

**ANA:** Disse espera, minha mãe, e desligou. Não parecia ele, só a voz dele. Mas estou esperando.

**ALFONSINA:** Você está séria, Ana. A casa toda está.

**ANA:** Você está comemorando alguma coisa que eu não sei?

**ALFONSINA:** Nada, exceto estar aqui. Você ria aqui e a gente ouvia lá em casa, mulher. Você cantava aqui e a gente ouvia lá.

**ANA:** Mas aí a sirene da praça tocou para avisar da guerra. Eu ouvi aqui e você ouviu lá. Véspera do aniversário de Acácio. Nem fiz bolo aquele ano. Lembra?

**ALFONSINA:** Lembro.

**ANA:** Pode sair daqui, por favor?

**ALFONSINA:** Não me ouviu gritar? Pedi ajuda para afundar Martin.

**ANA:** Não era o caso de ajudar. Acácio pode ligar a qualquer momento.

**ALFONSINA:** Você quer repetir o que eu fiz?

**ANA:** Foi pra isso que você veio?

**ALFONSINA:** Receber uma fita dizendo que o filho sofreu um acidente e reconhecer no rosto do filho a expressão de quem gritou muito. Dedos sujos, alguns sem unha, minha irmã.

**ANA:** Dá licença.

**ALFONSINA:** Dar banho no filho, mas sentir o cheiro que banho nenhum tira. Vestir o filho, colocar no barco, afundar o barco com pedra e lembrança, pedra e lembrança.

**ANA:** Você pode ir?

**ALFONSINA:** Estão mentindo pra mim. Me ajuda a falar com as pessoas, Ana.

**ANA:** Ninguém vai abrir a porta pra você, Alfonsina.

**ALFONSINA:** Por isso vim pedir ajuda.

**ANA:** Não tô boa hoje. Licença.

**ALFONSINA:** Tá comendo direito? Tenho quatro panelonas de sopa lá em casa. Eram pro Martin.

**ANA:** Não precisa.

**ALFONSINA:** Batata, cenoura, cebola e bacon, só um pouco. Crispy.

**ANA:** Eu me resolvo aqui. Pode ir.

**ALFONSINA:** Eu achava que a gente corria risco, que ia acabar rápido.

**ANA:** Quanta água cabe em quatros anos? Nossos filhos, Alfonsina.

**ALFONSINA:** Eu vou indo.

**ANA:** Então, vai. Vai, vai, vai logo mesmo. Posso perguntar uma coisa antes?

**ALFONSINA:** O quê, Aninha?

**ANA:** Você sonha com Martin?

**ALFONSINA:** Você acaba de me lembrar que não. Sou uma péssima mãe, é isso–

**ANA:** Shhhhhhhh, claro que não. O Martin sempre foi tão quietinho. Deve ser timidez.

**ALFONSINA:** Deve ser.

**ANA:** Nem no sonho da mãe quer aparecer. Já pensou?

**ALFONSINA:** Quando ele tinha uns seis anos, perguntei o que ele queria ser quando crescer.

**ANA:** E ele respondeu o quê?

**ALFONSINA:** Invisível, mamãe.

*As irmãs riem.*

**ALFONSINA:** Talvez ele esteja nos meus sonhos.

## QUADRO 7 – ALFONSINA DIZ A ANA: ESTA É A HISTÓRIA DE COMO NOS SALVAMOS

**ALFONSINA:** Engraçado.

**ANA:** Quê?

**ALFONSINA:** Se escuto sovaco, eu penso cuíca.

**ANA:** E você escutou sovaco quando?

**ALFONSINA:** Agorinha. Você disse que o sovaco tava coçando.

**ANA:** Achei que só tivesse coçado.

**ALFONSINA:** Fala sovaco.

**ANA:** Sovaco.

**ALFONSINA:** Pensei cuíca.

**ANA:** Sovaco.

**ALFONSINA:** Cuíca, de novo.

**ANA:** E se eu falo cuíca?

**ALFONSINA:** Fala cuíca.

**ANA:** Cuíca.

**ALFONSINA:** Vem cuíca mesmo.

**ANA:** Que coisa. Será que não é porque sovaco lembra cavaco e cavaco lembra cuíca?

**ALFONSINA:** Cavaco lembra cuíca?

**ANA:** Não lembra?

**ALFONSINA:** E cuíca lembra o quê?

**SIM:** Desde que a guerra começou na Ilha de Lá, ninguém diz moça, moço vem aqui, ó, e não diz nada.

Ninguém diz sovaco, ninguém pensa cuíca. A guerra sufoca as insignificâncias, queima os enfeites. E cada um que invente um jeito de viver assim.

**ANA:** Papai, que era escritor e vivia de inventar, pedia cuidado. Tem um ponto que invenção não difere disso que a gente chama realidade.

**ALFONSINA:** Ouve, não é impossível, porque além da própria invenção você vive a invenção do outro sem saber. Um belo dia você morre afogada porque seus pés te dizem chão, mas, não, é mar e você nem tchum.

**ANA:** Acho que papai teria orgulho de Acácio, porque Acácio é bom nessa coisa de saber o que é mar e o que não é, de saber onde se pisa e onde se mergulha.

**ALFONSINA:** No corpo de um filho morto não se mergulha.

**ANA:** Então quando Acácio diz melhor esperar, eu espero.

**ALFONSINA:** A água sempre encontra um jeito. Ó meus pés molhados.

**ANA:** Alfonsina, você também não tem a sensação de que, qualquer dia desses, alguém vai aparecer na sua casa, vai pedir pra você sorrir pruma câmera que estava escondida e você nem tchum? Vai dizer é pegadinha, sua trouxa. Tá tudo bem. Lá não tá em guerra. Seu filho, ó, tava dormindo esse tempo todo. O cão tá vivíssimo. Toma aqui um dinheirinho, obrigado por participar. Não seria bom se isso acontecesse, Alfonsina? Eu ficaria com raiva, claro. Quatro anos. Mas ruim não seria. Não seria mesmo.

**ALFONSINA:** As coisas não vão acontecer assim, minha irmã. Mas confia: esta é a história de como nos salvamos.

## QUADRO 8 – SIM EXPLICA QUE LÁ ESTÁ EM GUERRA

**SIM:** As últimas eleições foram difíceis, especialmente para os cães. Batidas de porta, gritos, ruas vazias. Sem bolinha, sem petisco. Cães tristes. Enquanto isso, a água ocupava as casas. Goteira vinda dos tetos e dos olhos. Pessoas afogadas nas casas. Problema da água é no mundo todo, infiltração é no mundo todo, mas aqui em Lá nem os cães foram capazes de beber tudo.

Primeiro, o homem que venceu as eleições expulsou os estrangeiros da ilha. As riquezas de Lá pra quem é de Lá. Barcos abarrotados, barcos só de ir. As casas se dividiram. Depois, o homem anunciou que a ilha estava ameaçada, que era preciso se preparar pra guerra e proteger nossas riquezas. Homens, exceto os velhos, e mulheres, exceto as mães e as velhas, foram convocados. Aos demais, aos cães como eu, velhos ou não, coube a espera. Acácio, Martin e outros tantos deixaram as casas em direção ao extremo sul da ilha. Novas eleições foram suspensas. Do homem que venceu as eleições restou a voz, que vez ou outra chega pelos alto-falantes. Virou um zumbido, um apito, do tipo que precede a perda de audição. Ouve, não vamos ouvi-lo aqui.

## QUADRO 9 – ACÁCIO EMBALA O SONHO DA MÃE

**ANA:** Os sonhos mais bonitos que tive com o filho foram em maio. Como as noites em maio não são tão frias, se pode dormir com lençóis fininhos e janelas entreabertas. Eu vejo o filho...

*Ana corre e salta ao encontro de Acácio, que a embala como se ela fosse filha, não mãe.*

**ACÁCIO:** [*cantando*] Boi, boi, boi. Boi da cara preta, pega a mamãezinha que tem medo de careta. Não, não, não. Não pega ela, não...

*Acácio a coloca suavemente no chão.*

**ANA:** Vamos repetir?

**ACÁCIO:** Tudo?

**ANA:** Quase tudo. Pra esticar o sonho, menino. Lembra do seu aniversário de dez anos?

**ACÁCIO:** Foi quando o Sim chegou, nas mãos de Alfonsina.

**ANA:** Ó o cão. Tava terminando o bolo de doce de leite.

**ACÁCIO:** Martin e eu nem conseguimos dormir prestando atenção no cão.

**ANA:** As patas mexendo, como se ele estivesse correndo. Um dia, você perguntou...

**ACÁCIO:** Cão ronca, mãe?

**ANA:** Ronca, sim. Ouve.

**ACÁCIO:** Cão sonha?

**ANA:** Sonha, claro que sonha. Ouve.

**ACÁCIO:** E cão pesadela?

**ANA:** Pesadela? Essa palavra não existe, menino.

**ACÁCIO:** Tô fazendo ela existir, mãe.

**ANA:** O pesadelo do cão é o esquecimento. Por isso ele corre.

**ACÁCIO:** Eu nunca vou esquecer o Sim.

**ANA:** Cão é diferente, filho. Ele tem mais medo é de esquecer a gente.

**SIM:** No meu último sonho, estava eu num barquinho só meu. Minha barriga roncava, sim.

**ACÁCIO:** Sabe, mãe, a guerra é diferente.

**ANA:** Diferente como?

**ACÁCIO:** A gente espera. Muita coisa acontece enquanto a gente espera, menos a guerra.

**ANA:** Eu ouço as bombas, filho.

**ACÁCIO:** Só as bombas?

## QUADRO 10 – ALFONSINA OFERECE SOPA ÀS MULHERES DE LÁ

*Alfonsina deixa a casa laranja, número 38, carregando panela de sopa e colher de concha.*

*Atravessa a praça vazia até chegar à casa azul, número 12. Cães latem enquanto ela caminha. Em frente à casa, bate colher na panela- metal com metal- para se anunciar:*

**ALFONSINA:** Maria Natália! Você tá aí? Sou eu, Alfonsina. Está sobrando sopa lá em casa. A gente assopra, passa no pão molinho e conversa. Batata, cenoura, cebola e bacon. Crispy. A preferida do meu filho. Soube do Martin? Abre a porta, Maria.

*Ela bate a colher na panela.*

**ALFONSINA:** Pode abrir, Neide? Sou eu, Alfonsina. Vamos conversar? Trouxe sopa.

*Ela bate a colher na panela (forte).*

**ALFONSINA:** Adélia. É Alfonsina, sua professora. Batata, cenoura, cebola e bacon, só um pouco. Crispy. Sobrou. A preferida do meu filho. Abre, mulher, sou eu.

*Ela bate a colher na panela (mais forte).*

**ALFONSINA:** Tá lembrada, Irene? Soube do Martin? Sopa. A gente passa no pão molinho e fala um pouco. Te ensinei a ler, mulher. Abre, Irene.

*Com a força que tem, e sozinha, Alfonsina bate a colher de concha na panela. Metal com metal.*

*A porta de Irene se abre.*

**ALFONSINA:** Irene boa, quanto tempo.

## QUADRO 11 – A SEGUNDA CONVERSA DE ALFONSINA COM O GENERAL

**ALFONSINA:** Você sabe meu nome.

**GENERAL:** Conversa gravada.

**ALFONSINA:** Alfonsina, Pedro.

**GENERAL:** Me chame de general. Alfonsina de Lá. Moradora da casa laranja, número 38. Praça menor de Lá. Você tem boa memória?

**ALFONSINA:** Tenho.

**GENERAL:** Muito barulho, Alfonsina. Barulho esse que foi gravado.

**ALFONSINA:** General–

**GENERAL:** A recomendação, você sabe, é só sair de casa quando necessário. Me diga, Alfonsina, é necessário bater de casa em casa pra oferecer sopa?

**ALFONSINA:**

**GENERAL:** Estão passando fome?

**ALFONSINA:** Não que eu saiba.

**GENERAL:** E se as pessoas não passam fome, se Lá tá em guerra, se a recomendação é só sair quando necessário, por que você tá indo de casa em casa oferecer sopa?

**ALFONSINA:** Tá sobrando. Quatro panelas imensas, uma pra cada boca do fogão. É muito pra mim.

**GENERAL:** Imagino que nem todas quiseram te receber.

**ALFONSINA:** É.

**GENERAL:** Não é a primeira vez que você faz isso.

**ALFONSINA:** Sopa?

**GENERAL:** Há quatro anos, você também foi batendo de casa em casa pra tentar convencer os moradores de Lá a aceitar a guerra.

**ALFONSINA:** Achava que, se Lá estava em risco, se poderíamos ser invadidos–

**GENERAL:** O presidente gravou uma fita te pedindo isso, não gravou?

**ALFONSINA:** Por que você pergunta o que já sabe?

**GENERAL:** Você se sentiu envaidecida com o pedido, não foi?

**ALFONSINA:** Eu não sou assim.

**GENERAL:** É justamente por ser assim que você ainda tem dentes. Você gosta dos seus dentes?

**ALFONSINA:** Gosto, embora me falte motivo para exibi-los.

**GENERAL:** Cá entre nós, mudou de ideia?

**ALFONSINA:** Só me pergunto se ainda estamos em risco.

**GENERAL:** Não estamos em guerra?

**ALFONSINA:** Você diz que sim.

**GENERAL:** Não ouve as bombas?

**ALFONSINA:** Ouço.

**GENERAL:** Isso responde a sua pergunta?

**ALFONSINA:**

**GENERAL:** A conversa está sendo gravada, e insisto: você ainda é a favor da guerra?

**ALFONSINA:** Sim.

**GENERAL:** Sim?

**ALFONSINA:** Sim.

**GENERAL:** Sim e não se fala mais nisso?

**ALFONSINA:**

**GENERAL:** Você está tentando convencer as pessoas do quê, dessa vez?

**ALFONSINA:** Não falamos de guerra.

**GENERAL:** Não conversam?

**ALFONSINA:** Você lembra que meu filho morreu?

**GENERAL:** Conversam sobre filhos mortos?

**ALFONSINA:** Não. Só é bom ouvir a voz de outras pessoas.

**GENERAL:** A nossa conversa está sendo boa para você, então?

**ALFONSINA:**

**GENERAL:** O silêncio não a satisfaz?

**ALFONSINA:** Eu ouço as bombas.

**GENERAL:** O silêncio após as bombas confirma que estamos bem.

**ALFONSINA:** Então não é o caso de falarmos mais?

**GENERAL:** É o que estamos fazendo, não é?

**ALFONSINA:**

**GENERAL:** Alfonsina, se eu chamar a Irene aqui, ela vai confirmar o que você tá dizendo? Que são – como posso dizer? – conversas genéricas...

**ALFONSINA:** Não teria motivo pra me desmentir.

**GENERAL:** Não teremos problema?

**ALFONSINA:** Não quero causar problema, general.

*O general interrompe a gravação.*

**GENERAL:** E essa sopa que sobra?

**ALFONSINA:** Que é que tem?

**GENERAL:** É de quê?

**ALFONSINA:** Batata, cenoura, cebola e bacon.

**GENERAL:** Cozinha tão bem assim pra sair oferecendo aos outros?

**ALFONSINA:** Essa sopa eu faço direitinho.

**GENERAL:** Posso provar?

**ALFONSINA:** Se quiser...

**GENERAL:** Vamos ver. Sim, direitinho. Lembra até a que minha avó fazia. Ela dizia que sopa ensina a ter paciência. Descascar, cortar, cozinhar. Depois você ainda precisa soprar, como se pedisse licença. Se não precisa soprar antes, para mim não é sopa.

**ALFONSINA:** Sopa fria, então...

**GENERAL:** Não é sopa.

**ALFONSINA:** Paciência.

**GENERAL:** Realmente, se fosse mais quente... Você chegou a conhecer a minha avó?

**ALFONSINA:** De longe.

**GENERAL:** Um dia, ela acordou certa de que iria morrer. Reuniu toda a família pra tomar sopa.

**ALFONSINA:** Morreu?

**GENERAL:** Não naquele dia. Mas a sopa era especial. Ela fazia torradas com o pão salgado dormido e punha um fio de azeite, especiarias. Ficava no forno até deixar aquele torradinho que parece queimado mas não é. Depois quebrava até virar uma espécie de farofa.

**ALFONSINA:** E jogava por cima depois?

**GENERAL:** E jogava por cima depois. Parece bobagem, mas faz diferença.

**ALFONSINA:** Tava mais acostumada a pegar pão molinho pra comer junto. Mas esse crac-crac-crac que você gosta vem com o bacon. Crispy, viu?

**GENERAL:** A farofinha fica melhor. Se estivesse mais quente.

**ALFONSINA:** Você cozinha, general?

**GENERAL:** Eu tenho mãe, Alfonsina.

**ALFONSINA:** Quer o resto? Você esquenta o quanto quiser e, depois, pede licença pra sopa.

**GENERAL:** Você tem sorte.

**ALFONSINA:** Sorte?

**GENERAL:** Mas desde que você se aposentou, as coisas mudaram por aqui.

**ALFONSINA:** Professor nunca se aposenta, general. Tem sempre alguém com dúvida. E não existe educação mais profunda do que a que passa pelo estômago. Será que não era isso que sua avó estava tentando dizer?

**GENERAL:** É disso que falo, Alfonsina. Guarde esses comentários pra você. Ainda mais na guerra.

**ALFONSINA:** Essa não deve ser mesmo uma guerra fácil. Vou deixar a sopa aqui.

**GENERAL:** Talvez você tenha que pensar na possibilidade de estar ficando louca. De qualquer forma, vou ajudar você a esvaziar a sopa que sobra na sua casa.


## QUADRO 12 – O SEGUNDO BANHO: SIM E ACÁCIO

**SIM:** Um dia agradável, sim. Os alto-falantes de Lá comunicam que se pode sair de casa. Mamãe Alfonsina me leva a um dos pontos mais altos da ilha. Vamos devagarzinho toda vida. Ela deseja ver Martin, mesmo sabendo que é impossível de tão longe. Só de olhos fechados. Com olhos abertos, se contenta com o mar. Ali mesmo, cumprimentamos o Doido de Lá, conhecido por nós como Isse. E se Lá for uma sílaba numa palavra não dita?, o Doido pergunta, aproximando-se. E se Lá for uma ilha submersa? Mais um passo.

E se Lá for aqui e agora? Dois passos. E se Lá for a invenção de um doido? Os últimos passos até ficar perto, bem perto de nós. Eu e Alfonsina temos profundo respeito pelos doidos. Ouvimos tudo com atenção e nos despedimos. Voltamos mais devagarzinho que antes. Eu fui pra casa de Mamãe Ana. Morri dias depois, engasgado com a fita, pensando no Isse. E se Lá for um osso?, ele perguntou olhando para mim. Até os doidos querem afagar um cão. Mas sem desmerecer os ossos, nem os doidos, às vezes tenho vontade de dizer: e se você enfiasse o osso no cu e me desse o frango inteiro, suculento, com aquele torradinho que parece queimado mas não é? Eu gosto de frango inteiro.

**ACÁCIO:** Sim, hora do banho.

**SIM:** Disso eu nunca gostei.

*Sim tenta fugir, mas Acácio o alcança.*

**ACÁCIO:** O primeiro banho do Sim foi no quintal de casa, num balde pequeno, vermelho. Ele cabia numa mão, não conseguia fugir. Com o tempo, a barriguinha, antes meio cinza, foi esticando até ficar meio rosa.

*Esse banho começa no passado e termina na memória do cão.*
*As mãos de Acácio organizam a espuma no pelo do Sim. Depois desorganizam.*
*A água ajuda a limpar o que é possível.*

**ACÁCIO:** Tava brincando, né? Esses meninos. Todo sujo. Disse pra você não ir, não disse? Amanhã, remédio de carrapato, porque hoje... daqui a pouco Martin aparece aí. O próximo banho é com ele, viu? Eita, todo, todo, todo. Orelha, unhas. Vixe. Nunca vi. Que coisa boa, hein? Mãe, o Sim não é bom menino, mãe? Hein, mãe, o Sim não é bom menino?

**ANA:** Por que tá perguntando isso?

**ACÁCIO:** Elogio funciona melhor quando você, como quem não quer nada, elogia pra outra pessoa.

**ANA:** Ah, é?

**ACÁCIO:** Eu tô falando com você, mas só para ele ouvir, entendeu? O Sim não é bom menino?

**ANA:** Claro que é, meu filho.

**ACÁCIO:** Bom, mãe. O cão entende bom.

**ANA:** O cão entende tudo. Você não peida sossegada nesta casa sem o cão cheirar seu furico.

**ACÁCIO:** [*canta*] Com você, eu nunca mais fiquei sozinho. Meu totozinho, meu totozinho, meu totozinho, meu totozinho.

**SIM:** Acácio me dá banho, mas canta pra mim. Não esqueço.

**ANA:** O que me deixa tranquila, filho, é que você é bom nessa coisa de saber o que é mar e o que não é, de saber onde se pisa e onde se mergulha.

**ACÁCIO:** Não sei mais se sou, mãe.

**ANA:** O que é isso, menino? Nessa hora, você me diz outra coisa, lembra? O que me deixa tranquila –

Acácio, tá ouvindo? – é que você é bom nessa coisa de saber o que é mar e o que não é, de saber onde se pisa e onde se mergulha.

**ACÁCIO:**

**ANA:** Se você diz espera, minha mãe, eu espero. Aprendi a esperar com o cão, filho.

**ACÁCIO:** Talvez você esteja esperando demais, mãe.

**ANA:** Acácio, você tá bem?

*De repente, não mais de que repente, Ana vê Acácio sem o véu etéreo do sonho.*
*O rosto ferido dele ganha contorno aos olhos dela. Ana se assusta.*

**ANA:** Todo sujo. O que é isso no rosto?

**ACÁCIO:** Deixa, mãe.

**ANA:** Tão machucando você aí? Responde, menino. Tão machucando você?

*Acácio corre. Ana corre atrás dele e da resposta. Mas ela já sabe a resposta.*
*Sim se sacode, espalhando água pela casa, molhando ainda mais a resposta.*

**SIM:** Repara: me dão banho, mas uma voltinha lá fora coloca a sujeira no lugar. Com a memória a mesma coisa.

## QUADRO 13 – OS TREZENTOS SONHOS DE ACÁCIO

ANA: [*gravação*] Filho, ó a voz da mãe aqui, ó. Ó a voz. Oitava fita que mando este mês. Me diz se tá bem. Filho, o cão morreu. Ouve isso, peloamor. Comeu uma fita, uma fita com palavras ruins minhas. Congelei o Sim pra gente se despedir. A gente espera descongelar. Juntos. Me recuso a afundar o cão sem você por perto. Sonho todo dia com você voltando, Acácio. Mais de mil sonhos. Outro dia sonhei que você é onda. Vai e volta. Tem que voltar, filho. Tem que voltar.

*Acácio rebobina.*

ANA: [*gravação*] ... que você é onda. Vai e volta. Tem que voltar, filho. Tem que voltar.

*Acácio rebobina.*

ANA: [*gravação*] Tem que voltar, filho. Tem que–

*Acácio rebobina.*

ANA: [*gravação*] Tem que voltar, filho. Tem que voltar.

SIM: Acácio demorou a sonhar com a mãe. Mas os sonhos vieram.

*Um, dois, três, quatro, cinco, seis passos pra frente.*

*Um, dois, três, quatro, cinco passos pro lado: esse é o tamanho da cela de Acácio.*

*Janela pequena. Mas o barulho que chega por ela é imenso: mar, ondas muito perto dele.*

*Acácio, sujo e ferido. O corpo, sedento, marcado de sonhos. A boca aberta recebe a água que cai do teto: ploc, ploc, ploc. A água que cai do teto o impede de morrer de sede.*

**ACÁCIO:** Vou riscando os sonhos em mim. Ó, trezentos até agora. Sonhos que vão acumulando. Sonhos que misturam mar, mãe e cão. Mar, mãe, cão e Martin. Mar, mãe, cão, Martin e Alfonsina. Eu e Martin fazemos isso pra passar o tempo aqui. Às vezes chegamos a mais de cem nomes. Eu falo daqui e ele fala de lá. Mar, mãe, cão–

**PRISIONEIRO:** Martin tá morto.

**ACÁCIO:** Cala a boca.

**PRISIONEIRO:** Martin morreu afogado.

**ACÁCIO:** A guerra não é fácil. As pessoas testam você o tempo todo. Mas eu sou bom nisso de saber o que é mar e o que não é, de saber onde se pisa e onde se mergulha.

**PRISIONEIRO:** Martin morreu.

**ACÁCIO:** Martin não morreu, ele fala comigo todo dia. Mar, mãe–

**MARTIN:** [*gravação. Gritando*] Socorro.

**ACÁCIO:** Não disse? Ó a voz do Martin. Ó a voz.

**MARTIN:** [*gravação. Gritando mais alto*] Socorro.

**ACÁCIO:** Martin, vou contar uma história pra você. Mãe, canta pra nós.

*Acácio ouve a mãe cantar.*

**ACÁCIO:** Ó a voz da mãe. Ó a voz.

**SIM:** Quando pequeno, o combinado era que Acácio podia explorar o fora de casa até onde o ouvido deixasse. Mamãe Ana acordava e cantava, e era o canto dela que dizia até onde se podia ir. Eu sempre ao lado dele.

**ACÁCIO:** Se a mãe acordava muito feliz, eu conseguia até nadar. Depois, Sim lambia meus dedos enrugados. Minha mãe dizia que com isso eu cresceria menos depressa. Minto, menos depressa não, ela disse vagarosamente. A primeira vez que vi um homem nu, minha mãe cantava. Às vezes o corpo dele se perdia na espuma do mar. Va-ga--ro-sa-men-te. Quando perguntei do que era feita a espuma, minha mãe disse que havia no céu um cão tão levado quanto o Sim. E lá em cima, quando jogavam bolinha pra ele, ele corria tão afoito, mas tão afoito, que lançava restos de nuvem aqui embaixo. Se caía no chão, virava areia. No mar, espuma. No cabelo, piolho. Minha mãe mentia pra mim, mas cantava. Depois era hora do almoço, e o cão sempre ao meu lado. Ainda mais na hora do almoço.

**GRAVAÇÃO:** É com pesar que comunicamos a morte de Martin de Lá, filho de Alfonsina de Lá, morador da casa laranja, número 38, localizada–

**ACÁCIO:** Canta mais alto, mãe.

*As bombas sufocam o canto da mãe.*

**SIM:** Ó a voz das bombas. Ó a voz das bombas. Quando cães ouvem explosões como essas, a temperatura do corpo aumenta e o coração acelera. O cão corre dentro dele. Taquicardia, desmaio, vômito. Durante as explosões de hoje, Flor, a cadelinha que cuida da casa do general e da mãe dele, buscou um lugar pra se esconder. Bateu tão forte a cabeça contra a parede que morreu. Não parece, mas cães também inventam e confundem o que é mar e o que não é, onde se pisa e onde se mergulha. Numa parede não se mergulha, Flor. Não se mergulha.

## QUADRO 14 – A PRIMEIRA E ÚNICA CONVERSA DE ANA COM O GENERAL

*Com panela de sopa e colher de concha, Alfonsina espera. Lá dentro, uma irmã aflita.*

**ANA:** Eu sei como você está se sentindo.

**GENERAL:** E como é?

**ANA:** Eu posso imaginar, pelo menos.

**GENERAL:** Como você imagina?

**ANA:** Maneira de dizer, general.

**GENERAL:** Diga, estou curioso.

**ANA:** Bobagem. Cada um é cada um.

**GENERAL:** A todo instante alguma coisa deixa de existir. Coisas velhas e frágeis deixam de existir com mais facilidade. Isso é novidade pra você? Eu não sinto falta de nada.

**ANA:** Eu sinto falta de tudo.

**GENERAL:** De tudo?

**ANA:** De quase tudo.

**GENERAL:** Outras coisas persistem, não é? A parede onde a cachorra bateu a cabeça, persistente. O seu nervosismo, persistente. Enquanto tinha dentes, a Flor me mordia. Pequenas mordidas. Pequenas. A cicatriz no dedo, ó. Persistente. Mas eu não mordo, Ana. Por que o nervosismo?

**ANA:** Meu filho pode ligar a qualquer momento, general.

**GENERAL:** Não se preocupe, ele não vai ligar.

**ANA:** Não?

**GENERAL:** A conversa está sendo gravada. Nome.

**ANA:** Ana.

**GENERAL:** Ana de Lá, moradora da casa lilás, número 55, localizada na praça menor de Lá. Você costuma gritar nos sonhos, Ana?

**ANA:** Às vezes. Mas sempre dentro do sonho.

**GENERAL:** Pois nesta madrugada o grito escapou do sonho.

*General aciona o toca-fitas: o longo grito de Ana escapa de lá também.*

**GENERAL:** As pessoas ficaram assustadas.

**ANA:** Acácio tá bem?

**GENERAL:** Sonhou com ele?

**ANA:** Ele tá bem?

**GENERAL:** Está.

**ANA:** Por que ele não responde minhas fitas? Ele sabe do Sim? Do Martin?

**GENERAL:** Ele sabe o suficiente, fique tranquila.

**ANA:** Não consigo.

**GENERAL:** O grito também não tem a ver com sua irmã?

**ANA:** Por que teria?

**GENERAL:** Ficaram tanto tempo sem se falar. Você era contra a guerra. E agora–

**ANA:** Minha opinião importa? Não estamos em guerra?

**GENERAL:** Alfonsina nunca disse por que foi de casa em casa buscando apoio pra guerra?

**ANA:** General, se ele ligar e eu estiver aqui–

**GENERAL:** Nunca disse que Martin não seria convocado caso ela convencesse vocês?

**ANA:** Convencesse?

**GENERAL:** Você não imaginou isso, Ana?

**ANA:** Se é verdade, general, não deu certo.

**GENERAL:** A guerra é injusta, cansa, mas é de verdade. Você sabe que é.

**ANA:** Você também tá cansado, não tá?

**GENERAL:** Estava pensando, Ana: a traição de uma irmã não seria motivo suficiente pra alguém gritar durante uma noite maldormida? Não quero que as pessoas se assustem quando você sonhar com isso hoje à noite. É a guerra, compreende?

**ANA:** Ninguém mais vai ouvir um grito meu, general.

**GENERAL:** Já ouvi isso antes.

## QUADRO 15 – VOCÊ FARIA A MESMA COISA, ANA

*As palavras do general plantadas na cabeça de Ana.*
*Ana passa pela irmã e nada diz. Alfonsina a segue.*

*Dentro de casa, as irmãs se olham, ligadas agora pelo mesmo silêncio.*
*Silêncio que é irmão do grito.*

**ALFONSINA:** Você faria a mesma coisa, Ana.

*Com raiva, Ana pega os tomates do chão e os joga em Alfonsina. Um por vez.*
*Alfonsina aceita o golpe, a mancha vermelha no vestido.*

*Então Ana pega as batatas.*

**ALFONSINA:** As batatas, não. As batatas, não, minha irmã.

**SIM:** Quando pequenas, Alfonsina e Ana esperavam ansiosas o domingo. A altura delas permitia apenas que o queixo ficasse rente à mesa de madeira na qual a mãe preparava a massa do macarrão. O pai, ali do lado, batia com dedos ligeiros as teclas da máquina de escrever até o ponto final. Antes havia se ocupado dos tomates, tirando a pele, aproveitando o suco pro molho, incorporado à carne moída na panela. Só aos domingos era permitido aposentar talheres e comer macarrão com a mão, o que as meninas faziam com gosto. O que sobrava nos dedos e ao redor dos lábios era lambido por Filó, a vira-lata da família. Os pais não brigavam porque era domingo. A soneca da tarde aos domingos também era melhor, porque só aos domingos os sonhos das irmãs se esbarravam e uma podia existir no devaneio da outra. No dia seguinte conversavam sobre o que haviam sonhado juntas. Aos domingos, a mãe ia à janela tocar acordeão enquanto o pai lavava os pratos e assobiava outra canção. Canção que nada tinha a ver com o barulho da goteira que ia do teto ao chão, sem ritmo algum. Aos domingos, Filó corria atrás de vaga-lumes que piscavam anunciando o fim do domingo. As meninas dividiam na banheira a água e a espuma antes de dormir. Em silêncio, ouviam os sons que a casa fazia.

*Atenção aos sons da casa. Ouve.*

**SIM:** Certa vez, muito sabida, Alfonsina disse: Aninha, o som da infância. Repara. Não esquece. Cresceram.

**ALFONSINA:** E agora?

**ANA:** Você precisa de um banho, Alfonsina.

## QUADRO 16 – O TERCEIRO BANHO: ALFONSINA E ANA

*Ana ajuda a dar banho em Alfonsina.*

*Os gestos de Ana começam firmes, raivosos. Aos poucos, as mãos amansam.*

*O banho se torna calmo, afetuoso, perfumado.*

**ALFONSINA:** Tem um momento em que todo filho começa a falar mais pra dentro. Martin começou cedo. Tentava puxar assunto sobre os desenhos de que ele gostava. Por que Digimon fala e Pokémon não fala? O que é Super Saiyajin, meu filho, explica? É verdade que Mestre dos Magos e Vingador são a mesma pessoa e que as crianças, coitadas, estão mortas? O menino cresceu. O silêncio também. Um dia mexi na coleção de fitas dele. Sons de vento, de mar, de passarinho. Aí peguei as fitas mais escondidas. Ouvi o menino que nunca canta cantando. Cantando até afinado. Noutra fita, bem lá no fundo, ele gravou umas coisas que nunca pensei ouvir. A gente fica buscando jeitos de amar e de explicar o amor.

**MARTIN:** [*gravação*] A gente fica buscando jeitos de amar e de explicar o amor.

**ALFONSINA:** Amo você. Não explico.

**MARTIN:** [*gravação*] Amo você. Não explico.

**ALFONSINA:** Sinto isso como se...

**MARTIN:** [*gravação*] Sinto isso como se fosse um feitiço, que me coloca, lábios e lembrança, no seu rastro, à caça da boca, do mar dentro da boca. Sinto medo disso que é tanto, tanto, tanto...

**ALFONSINA:** Tanto. Repara como repete.

**MARTIN:** [*gravação*] Tenho um impulso de inventar um poema com seu nome. Acácio.

**ALFONSINA:** Era o dentro dele falando. O dentro. Ouvir o dentro de um filho. Meu Deus.

**MARTIN:** [*gravação*] Você gosta de mim? Ando sempre um pouco atrás, não por timidez. Foi o jeito que encontrei de memorizar parte de você sem ser visto. Cê tem uma ilha na nuca, sabia?

**ALFONSINA:** Ó o Sim. Dá pra ouvir a respiração dele.

**MARTIN:** [*gravação*] Às vezes penso em ir embora. Tantas ilhas, tantos continentes.

**ALFONSINA:** Tantas ilhas, tantos continentes.

**MARTIN:** [*gravação*] Tento fazer planos, mas você quebra, feito onda. Insisto em chamar você de meu bem. Em segredo. Falo de você pensando em mar. Estou boiando nesse mar, Acácio, com uma paz que nunca senti.

**ALFONSINA:** Não soube em que momento a onda começou a formar, porque não dei conta do tamanho dela.

**ANA:** Você nunca me contou.

**ALFONSINA:** Deixei a fita no lugar, mas ela ficou rebobinando aqui dentro. Passei a olhar o filho de um jeito diferente. Eu pensava: é por isso o silêncio, meu filho? Queria dizer tudo bem, mas não disse. Logo você, Alfonsina? Escreve poesia no quadro com letra cursiva bonita. Logo você que diz menines? Depois veio a guerra. Olhei pra ele. A chance de salvar o filho. Eles me enganaram, Ana. Na despedida abracei Martin, mas não disse tudo bem. Eu não sabia o que era ignorância. Busco o pensamento pra tentar reescrever. Eu achava que reescrever é apagar, começar do zero, mas não se apaga isso, né? Não entendia que é sempre escrever mais, mais, mais.

**ANA:** Calma, Alfonsina.

**ALFONSINA:** Lembrei do papai agora.

**ANA:** Sempre escrevendo mais.

**ALFONSINA:** Do bigode dele, na verdade. Do bigode se mexendo enquanto ele dizia: Alfonsina, ô Alfonsina, você tem o nome de uma poeta que se matou. Só não se mate, minha filha, só não se mate. O bigode, Ana, o bigode que tornava cômico um pedido tão sério.

**ANA:** Sempre escrevendo mais, Alfonsina.

**ALFONSINA:** E aquele bafo de toda manhã, hein?

**ANA:** Mangaba e cigarro.

**ALFONSINA:** Meu nome ficou com esse cheiro. Mangaba e cigarro. Banho nenhum tira.

**ANA:** E o cheiro do banho?

**ALFONSINA:** Alfazema.

**ANA:** Seu nome tem esse cheiro para mim.

**ALFONSINA:** Me ajuda a falar com as outras mulheres, Ana. Para não repetir.

## QUADRO 17 – O GENERAL OUVE UM RELATÓRIO SOBRE ALFONSINA

*Sentado à mesa, o general ouve um relatório sobre Alfonsina enquanto toma sopa.*

*É a voz de Tonto que o general ouve.*
*Tonto já está por aqui há muito tempo. Você não o tinha notado antes porque ele usa uma capa que o deixa invisível.*

**TONTO:** [*gravação*] Alfonsina tem passado mais tempo em casa desde a conversa de Ana com o general. Costuma se levantar tarde, com olheiras de quem quis dormir e não conseguiu.

*Alfonsina volta à rotina da sopa: bate a colher de concha na panela pra anunciar sua chegada.*
*Metal com metal. O olhar é destemido e sereno, jamais colérico.*

**TONTO:** [*gravação*] No tempo que sobra, ela remexe nas fitas de Martin e toma sopa. Apenas num dia da semana, provavelmente cansada da casa, Alfonsina saiu. Estava um pouco mais triste e um pouco mais gorda. Bateu na porta das mulheres da vizinhança. Ninguém quis saber de Alfonsina. Nem Irene. Parece que à Alfonsina resta tomar toda a sopa que preparou pro filho. Talvez esteja mesmo ficando louca. Não há motivo pra se preocupar.

**GENERAL:** Ótimo, Tonto. Envie mais essa fita. Não se esqueça de reforçar o convite pro meu aniversário.

## QUADRO 18 – ALFONSINA CONHECE TONTO

*Não que os dias com neblina fossem incomuns em Lá. Mas a névoa de agora é um acontecimento à parte, esfumaçando ainda mais a paisagem da ilha, tornando-a inverossímil.*

*Sem medo da inverossimilhança de Lá, Alfonsina atravessa a praça.*
*Suas companhias são concretas: panela de sopa, colher de concha e Tonto. O rapaz segue Alfonsina como um mímico.*

**ALFONSINA:** Vai continuar me seguindo por quanto tempo?

**TONTO:** Até você pedir pra parar.

**ALFONSINA:** Pode parar?

*Ele obedece. Alfonsina e Tonto se olham, frente a frente.*

**ALFONSINA:** Não foi meu aluno... É novo na ilha?

**TONTO:** Não.

**ALFONSINA:** Seu nome?

**TONTO:** Pode me chamar de Tonto.

**ALFONSINA:** Alfonsina.

**TONTO:** Eu sei. Fui me aproximando. Por causa da sopa.

**ALFONSINA:** Tá com fome? Tem mais lá em casa.

**TONTO:** Não precisa.

**ALFONSINA:** Por que eu nunca te vi antes na ilha, menino?

**TONTO:** É por causa desta capa mágica que me faz sumir. Eu mesmo costurei.

**ALFONSINA:** Capa—

**TONTO:** É brincadeira, Alfonsina. Na verdade, todo mundo diz que sou parecido com um dos Beatles, mas ninguém diz com qual. Quero dizer que sou muito comum. Deve ser por isso que não me viu antes por aqui.

**ALFONSINA:** E o que você quer comigo?

**TONTO:** Vim trazer um recado do general. Gravo fitas sobre você.

**ALFONSINA:** Por causa dos gritos?

**TONTO:** Antes dos gritos. Não precisa ter medo. O general gostou da sopa. Fez lembrar a avó.

**ALFONSINA:** Ele me disse.

**TONTO:** Daqui a cinco dias é a festa de aniversário do general. Mais de cem convidados, a maioria do extremo sul, gente importante da guerra. Ele quer sua sopa na entrada. A mãe insistiu.

**ALFONSINA:** E se eu recusar?

**TONTO:** Por que você faria isso?

**ALFONSINA:** É uma armadilha, não é?

**TONTO:** Gravo fitas, mas só conto o que ele quer ouvir. Para o general, você é só a doida da sopa, Alfonsina. Tão inofensiva quanto o Doido de Lá. Inventei isso e ele acreditou. Não disse que você tem conversado às escondidas com as outras mulheres de Lá.

*Ana se destaca em meio à neblina.*

**ALFONSINA:** Você sabe como meu filho morreu?

**TONTO:** Afogado. Não no mar, como disseram, mas numa bacia d'água.

**ALFONSINA:** O rosto de quem gritou muito. E as unhas, arrancadas?

**TONTO:** Arrancadas. Ele tentou fugir com Acácio e outros cinco companheiros. Gritou muito antes de morrer.

**ANA:** Os outros estão bem? E Acácio?

**TONTO:** Mais dia, menos dia, vão morrer afogados também. Às vezes gritam.

**ALFONSINA:** O general sabe?

**TONTO:** Todos sabem. O que falo pra ele sobre a sopa?

**ALFONSINA:** Olha pra mim: você tá dizendo a verdade, menino?

**TONTO:** Toma essa fita. Seu filho cantando. Faz bem ouvir. Os gritos estão com o general.

**ANA:** Por que você tá se arriscando?

**TONTO:** Porque não tenho mãe. O que eu falo pra ele, Alfonsina?

**ALFONSINA:** Sopa na entrada.

**TONTO:** Lembra que, se não tiver que soprar antes, o general nem considera sopa.

## QUADRO 19 – ALFONSINA CONVERSA COM AS MULHERES DE LÁ

*As mulheres de Lá ouvem Martin cantarolar. Algo bonito como "Canção da partida".*
*Bem baixinho.*

**ALFONSINA:** Tão ouvindo? Um calor aqui, ó. Sinto vergonha, uma coceira perto do peito, um puxão na veia que faz a cabeça doer. Bom que estão aqui. Fui de casa em casa oferecendo sopa, pedindo desculpas. É pouco, eu sei. Algumas de vocês me ouviram. Outras não. Foi Irene quem disse – não foi, Irene? – que eu só tava oferecendo sopa e desculpa porque meu filho morreu. Agora eu sei, afogado numa bacia. Sinto vergonha. Consolo para mim é que Martin cantava de vez em quando. Ou ainda canta, sabe-se lá. Esse não precisa ser o consolo de vocês. Por isso, digo também: forrar a barriga pra ninguém morrer de fome. Secar o que é possível pra ninguém morrer afogado. Cantar o invisível pra que se escute o que ninguém ouve, o que ninguém quer ouvir. Preciso fazer uma sopa, então eu pergunto a vocês: e se fizermos desta mesma sopa – batata, cenoura, cebola, bacon só um pouco, crispy – uma outra sopa? Sozinha eu afundo um filho com pedra e lembrança, pedra e lembrança, mas não faço esta sopa. Alguém ajuda? Alguém?

## QUADRO 20 – ALFONSINA E MARTIN, UMA DESPEDIDA QUE NUNCA ACONTECEU

*As mulheres de Lá preparam a sopa.*

**SIM:** No dia em que Martin foi embora, Alfonsina o levou até a porta de casa, o abraçou e o deixou seguir viagem. Não disse nenhuma das palavras que virão a seguir, embora todas estivessem em algum lugar dentro dela. Por isso doem. Esta conversa nunca aconteceu.

**ALFONSINA:** Tô conformada, meu filho, é a guerra. Você vai, mas volta. Avisa uns dois dias antes preu fazer a sopa de que você gosta. E quando der pra ligar, liga, ou manda fita. Dá um jeito de dizer se tá bem, se tá feliz ou triste, com fome ou saciado. Dá um jeito de falar comigo, porque eu gosto quando você fala comigo. E você tem falado pouco. Voz de filho não se perde quando se tem mãe, viu? Boa viagem. Ó, não vamos estar tão longe assim. Eu tô aqui, nem que seja pra ouvir seu silêncio, brincar com ele. O silêncio do filho é a mãe. E o silêncio da mãe? Liga pra não dizer nada, mas liga. Você liga?

**MARTIN:** Ligo, mãe.

**ALFONSINA:** Liga mesmo, Martin?

**MARTIN:** Ligo, claro que ligo.

**ALFONSINA:** Num dia, a boca no bico do peito. No outro, o peito na boca da morte. Você escuta. O coração do filho não bate. Ouve. Puta que pariu, filho, que saudade.

**ANA:** Alfonsina, a sopa tá quase pronta.

**ALFONSINA:** Quando ligaram e não falaram nada, achei que fosse você, Martin. Fui pra cozinha. Quatro panelonas de sopa. Uma pra cada boca do fogão. Se sobrar, você leva pra lá, você leva.

**ANA:** Lembra, Alfonsina, do que você disse para não esquecer: esta é a história de como nos salvamos. Ó a sopa.

## QUADRO 21 – O GENERAL EXPERIMENTA A SOPA E SE TRANSFORMA NUM CÃO

**GENERAL:** E então?

**TONTO:** Salão cheio. Os convidados esperam a ordem para a degustação. Começamos pela sopa.

**GENERAL:** E mamãe?

**TONTO:** Parece ansiosa. Disse que o cheiro estava maravilhoso.

**GENERAL:** Mamãe não usa adjetivos impunemente, Alfonsina. É por causa dela que você está aqui.

**ALFONSINA:** Eu sei, Pedro.

**GENERAL:** Me chame de general.

**ALFONSINA:** Sim, general.

**GENERAL:** Posso?

**ALFONSINA:** Por favor.

*A colher dentro da sopa, dando voltas.*
*Alfonsina nunca esteve tão tensa.*

**GENERAL:** Fez a sopa sozinha, Alfonsina?

**ALFONSINA:** Não.

**GENERAL:** Quem ajudou?

**ALFONSINA:** Minha irmã, com as batatas.

**GENERAL:** Só?

**TONTO:** Irene.

**ALFONSINA:** Ajudou a cortar o bacon.

**TONTO:** Maria Natália e Neide também.

**ALFONSINA:** As cebolas.

**GENERAL:** Quem mais?

**TONTO:** Dulce, Lesir, Renata, Adélia, Maria José, Olga, Fernanda, Clarice, Suzana, Sonia, Agatha, Gabriela, Mayara também.

**GENERAL:** Ficaram com pena de você, Alfonsina?

**ALFONSINA:** Uma pessoa só não faz esta sopa, Pedro.

**GENERAL:** Me chame de general.

**TONTO:** Trabalham nisso desde ontem, general.

**GENERAL:** Não se esqueceram da farofinha. Quando mamãe provar...

**ALFONSINA:** E vão poder repetir, se quiserem.

**GENERAL:** Tonto?

**TONTO:** Sim, general?

**GENERAL:** A sopa está liberada.

*A colher a caminho da boca do general.*
*No meio do caminho, um sopro para espantar o quentinho.*
*Antes da colher chegar à boca, uma pausa.*

**GENERAL:** A maioria dos convidados foi seu aluno, Alfonsina. Uma responsabilidade.

*E então...*

**GENERAL:** Quente, quente, quente.

**ALFONSINA:** Pede licença, general.

**GENERAL:** Ótima sopa.

**ALFONSINA:** Mesmo?

**GENERAL:** Sabe há quanto tempo eu não tenho uma boa noite de sono, Alfonsina? A sopa vai me fazer dormir melhor.

*Latidos fortes vêm de dentro do salão.*

**GENERAL:** O que é isso?

**ALFONSINA:** Devem ser seus convidados.

**GENERAL:** Quando digo que você está ficando louca, Alfonsina. Quando eu digo.

**ALFONSINA:** A sua mãe ajudou a fazer a sopa, esqueci de dizer.

**GENERAL:** Ajudou? Com a farofinha?

**ALFONSINA:** Com a farofinha. E ela vai cuidar de você, Pedro.

**GENERAL:** Cuidar? Me chame de general.

*O general se dá conta de que uma transformação está em curso.*

**GENERAL:** O que é isso, Alfonsina?

*Uma transformação de dentro para fora. Um calor outro no corpo, dentro-dentro, um calor que não pede licença para tomá-lo.*
*Vontade de latir, sim. Mas a palavra, anterior ao latido, surge uma última vez como pergunta.*

**GENERAL:** Sonho?

**ALFONSINA:** Hoje é como se fosse o último dia de aula, Pedro, quando antes de sair da sala eu digo: olhar bem para as coisas que de repente deixaremos de ver para sempre. Lembra? Deixaremos de ver porque veremos de outro jeito.

*O general se transforma, enfim, num cão.*
*Um cão como Sim? Não, um cão sem som.*

**SIM:** Minha primeira lembrança? É de Alfonsina me levando pra casa na palma da mão. Não esqueço.

Ô Martin-in, Acácio, Aninha, ó o cão. Ó o cão, ó. As pessoas não entendem o que os cães latem. É natural, porque cães podem latir muitas coisas. Mas não se compreende tudo como au au à toa. O au, como todo cão sabe, é o que fica da saudade. Pode ser saudade de ser gente? Pode ser, sim, não duvido. Mas ouve. O general não late. Ainda.

*O general olha para Alfonsina.*
*Os olhos nela. Sempre nela. Silenciosamente nela.*
*Os latidos vindos do salão continuam fortes, povoando este pedaço de Lá.*

**ALFONSINA:** Eu nunca matei ninguém. E não começaria agora. No máximo, nos dias mais difíceis, torci, envergonhada, por um acidente. Mas tem um momento na vida em que você precisa provocá-lo. Sem culpa. Provocá-lo. Papai me dizia: às vezes a gente se esquece do que é capaz de fazer. No barco, a caminho do extremo sul da ilha para resgatar os filhos presos, eu vou me lembrar do meu pai. E eu vou provocar um poema. Ouve. Eu vou provocar um poema.

## QUADRO 22 – MÃES DE LÁ RESGATAM OS FILHOS NO EXTREMO SUL DA ILHA

*Estamos em pleno mar.*

**SIM:** Mães atravessam a noite. O mar preto, preto, preto, quase prata, tão dentro da noite ele está.

Esses também são barcos abarrotados, mas são
barcos de ir e voltar. Ouve.

*O som deste mar, ouve bem:*
*Dentes que mordem a maré: sim. Mães que choram: sim.*
*Mães que cantam: tanto sim. Barcos no mar: tanto mar, tan-*
*to mar.*
*Ouve mais: batuque, muques, cruzes, uis, ais.*

*Durante a viagem, Alfonsina provoca um poema. Um calor*
*dentro-dentro dela.*

**ALFONSINA:** Papai me deu o nome de uma
poeta que se matou. Jogou-se ao mar.
Não se mate, filha, não se mate.
Ah, pai, papai ruim.
Como queima o destino.
Mas não me mato. Hoje.
E se me mato,
sempre em sonho, papai,
é pra não morrer amanhã.

O que vive queima, não queima?
Não se mate, papai,
ainda que queime também.
Perdi tudo. Quase tudo, você diria.
As pedras, filha, as pedras.

Papai saiu de casa para colhê-las no meio do caminho.
Pôs as pedras no casaco laranja, seu favorito.
Entrou no mar de longos fios crespos.
O mar sugou papai feito pôr do sol, lentamente.

Não fiz retrato. Não aplaudi.
Não se impede um pôr do sol.
Não se impede, filha.

Eu não me mato, papai. Hoje.
Não se mate também. Ouve.
Chamo isso de poesia.

*Então as mães chegam. Ouvem os gritos dos filhos. Os gritos, e não os filhos, se confundem com o mar. Os filhos são as pedras.*

**SIM:** Mães que gritam filhos. Filhos que gritam mães. Os filhos que carregam armas, ao verem as mães, abandonam as armas. Os filhos que aprisionam outros filhos, ao verem as mães, libertam os filhos. Os filhos que têm lágrimas, ao verem as mães, deixam as lágrimas. É hora de voltar. O mar preto, quase prata, tão dentro da noite ele está.

*Ouve, mais: mar, ondas. Ouve: filhos que voltam.*

*Ouve: casa, portas abrindo, portas abertas, portas. Esta porta. A sua porta.*

*Ouve: cães. Ouve: comida sobre a mesa, cães perto da mesa. Mesas. Esta mesa. A sua mesa.*

## QUADRO 23 – O ÚLTIMO BANHO NÃO SERÁ COMO O PRIMEIRO: ANA E ACÁCIO

*Ana ajuda a dar banho no filho.*
*O banho começa na infância e termina no tempo presente.*

*Acácio tem machucados no corpo sujo. A água ajuda a limpar o que é possível.*
*As mãos da mãe organizam a espuma no cabelo do filho. Depois desorganizam.*

**ANA:** Tava brincando, né? Você e seu primo. Pegou piolho dele? Todo sujo. Amanhã, remédio de piolho, pente fino, porque... hoje... fiz macarrão. Eita, menino. Todo, todo. Orelha. Unhas. Vixe. Nunca vi. Que coisa boa, hein!?

*Ana esfrega com força e ternura, força e ternura. O filho calado, quieto. Dizer o quê?*
*A mãe seca o molhado com a toalha.*

*Depois entrega cueca, calça, blusa, meias e chinelos. O filho coloca peça por peça.*

**ANA:** Ó o cão, filho. O tempo passou pro cão, mas congelei o cão no tempo. Tava te esperando pra descongelar. Vê, o rabinho não balança. Focinho frio, frio, frio que dá dó. O Sim.

*A mãe penteia o cabelo do filho. Que olhar bonito o dela pra ele!*

*Acácio anda com dificuldade. A mãe o ajuda e, no trajeto, vai apontando o que se acumulou na casa durante a ausência do filho.*

**ANA:** Ó os balões. O bolo de seu aniversário. Eu fui fazendo pra ver se você vinha cantar parabéns. Esse passou. A gente faz outro amanhã, mesmo que falte um tempinho pro próximo. Tem pêssego na lata pra despistar o desejo de doce. Mas só depois do macarrão, tá?

*Ana conduz o filho até a mesa. Ele se senta, descansado. Macarrão no prato.*

**ANA:** Hoje pode comer com a mão, filho. Como se fosse domingo. Mas só se quiser, tá?

*Os sons agora são mínimos: mãos que pegam a comida e levam à boca, dentes que mordem, garganta que recebe água, guardanapo que limpa o que não entrou ou caiu.*

*Enquanto isso, o cão descongela...*

**SIM:** Vou contar sobre o amanhã: a Ilha de Lá vai acordar sem bombas, mas com latidos de cães famintos. Eles serão alimentados, cuidados. Não vão esquecer. O povo, reunido nas praças de Lá, ficará à espera do homem que venceu as eleições. Em vão. Virou um cão?
Quando o sol pintar amarelo, serei um cão descongelado. Acácio vai me levar pro mar, um mar meio cinza que, esticado, fica meio rosa. Eu e um barquinho meu. Ele vai me afundar com pe-

dra e lembrança, pedra e lembrança. Vou atravessar a água até repousar no que imagino ser o mistério. Sempre tive medo do mar me limpar de um jeito que não tivesse volta. Mas não. Ó o cão no mar. Por um tempo, vou ouvir Acácio cantar a música do totozinho. E então: areia, grãos de areia. Anéis de coco. Um diário. Fotos perdendo a cor. Fitas e mais fitas. Bolinhas, ossos, comidas líquidas mais líquidas. Muitos cães, cães como eu, à espera. Cães perdendo a cor. Pedra e lembrança. Ó. Águas-vivas. Eu, um cão. Ó o Martin. O rosto de quem gritou muito perdendo o grito. As unhas, outra cor, outra alegria. Então é isso? A memória aqui comigo, ó, fiel como um cãozinho. Sujinha. Lembra de mim. Lembra preu não esquecer. A memória é meu cãozinho e nunca me esquecerá. A memória é meu cãozinho e nunca me esquecerá. Ouve. Aqui do lado ó.

Que a memória de vocês também me proteja.

*A voz do cão se desmancha enquanto ecoa sua lembrança primeira:*

**SIM:** Alfonsina... me levando pra casa... na palma da mão... Ó o cão. Não esqueço.

## QUADRO 24 – À BEIRA DO MAR, ALFONSINA CONVERSA COM ACÁCIO

**ALFONSINA:** Sua mãe disse que você tem pensado em ir embora.

**ACÁCIO:** Uma sensação de vazio.

**ALFONSINA:** Também já senti isso. Já quis sair daqui.

**ACÁCIO:** Mas ficou.

**ALFONSINA:** Estou aqui agora. Não sei se Martin era feliz aqui.

**ACÁCIO:** Às vezes achava que sim.

**ALFONSINA:** É mesmo?

**ACÁCIO:** Às vezes ele se abria.

**ALFONSINA:** Que bom.

**ACÁCIO:** Um dia, aqui na praia mesmo, ele disse que queria ser escafandrista.

**ALFONSINA:** Escafandrista? Nunca me disse.

**ACÁCIO:** Disse que gostava do mar, mas preferia o silêncio do mar. Por ele...

**ALFONSINA:** Tô ouvindo.

**ACÁCIO:** Por amor a ele...

**ALFONSINA:** Tudo bem, Acácio.

**ACÁCIO:** Eu disse que eu queria ser também.

**ALFONSINA:** Escafandrista?

**ACÁCIO:** É, mas acho que eu não saberia viver assim.

**ALFONSINA:** Eu acho que eu também não.

**ACÁCIO:** Tem essa palavra...

**ALFONSINA:** Saudade?

**ACÁCIO:** Perto do mar, então.

**ALFONSINA:** Ó, quando tiver tempo, ouve essa fitinha. Do Martin.

**ACÁCIO:** Ele fala de mim?

**ALFONSINA:** Fala de um jeito bonito de você. Faz bem ouvir.

**ACÁCIO:** Martin falava pouco.

**ALFONSINA:** Mas falava, não falava? Cantava de vez em quando que eu sei.

**ACÁCIO:** Cantava. E beijava bem.

**ALFONSINA:** Que bom.

**ACÁCIO:** E dançava.

**ALFONSINA:** Dançava, é?

**ACÁCIO:** Do jeito dele. Era mais abraço que dança. Ele batucava as minhas costas de leve. Leve, como batidas do coração.

**ALFONSINA:** Você abraçava a sua mãe assim nos sonhos, não abraçava?

**ACÁCIO:** Martin me ensinou.

*Acácio e Alfonsina dançam, abraçados.*

*Acácio lembra que Martin contou sobre um sonho com a mãe. Não esqueço o olhar de minha mãe. Ele disse isso. Pôs o sonho na fita.*

**ACÁCIO:** Nos últimos dias ele me contou de um sonho.

**ALFONSINA:** Sonho bom?

**ACÁCIO:** Sonho bom, sonho bom. Não esqueço o olhar de minha mãe.

**ALFONSINA:** Ele disse isso?

**ACÁCIO:** Não esqueço o olhar de minha mãe. Disse. De manhã cedo, um dia antes de tentarmos fugir, Martin conseguiu colocar o sonho numa fita. Ele queria te entregar.

**ALFONSINA:** Trouxe com você?

**ACÁCIO:** Jogaram tudo fora, Alfonsina.

**ALFONSINA:** Você lembra o que ele disse?

**ACÁCIO:** Mais ou menos.

**ALFONSINA:** Me diz.

**ACÁCIO:** Não lembro tudo.

**ALFONSINA:** E precisa, Acácio?

**ACÁCIO:**

**ALFONSINA:** Não foi assim que chegamos aqui? Como começa?

**ACÁCIO:** Começa assim: mãe, ó a voz do filho. Ó a voz. Desculpe o sono, a remela e o bocejo na voz. É que acabei de acordar e deu vontade de contar sobre esse sonho que tive antes que ele me esqueça. Sonhei que eu, você, Acácio, tia Aninha e Sim viajávamos pra outra ilha. O mar desse lugar, mãe, é laranja, quase vermelho de tão perfumado. Umas flores crescem de dentro do mar e florescem na superfície da água. Formam um jardim que colore e não fere.

**MARTIN:** [*gravação*] De tudo do sonho, o que mais me impressionou foi seu olhar, mãe. Não sei dizer mais que isso. Seu olhar. Eu vou tentar fugir, mãe. Com Acácio. Eu digo que saudade é coisa que não tem tempo, daí não morre. Acácio diz que saudade é coisa que ninguém escuta. Mas se essa fitinha chegar, que você escute tudo isso que digo e que só quer dizer saudade. Saudade da vida antes da guerra. Do banho. Saudade do limpar da bunda. De ouvir a risada de tia Aninha lá de casa. Saudade da sopa e da faca cortando as coisas pra sopa, mas deixando tudo ao redor inteirinho. Saudade do Sim, do barulho que o Sim faz quando bebe água, afastando a gente da morte. Sempre o cão, mãe. Se a gente sair daqui, gravo fitinhas novas e tento falar mais de mim, de mim e do Acácio. Quero pensar que você me ouve e, enquanto me ouve, me enxerga com o olhar de quem vê esse mar pela primeira vez. Você me ouve, mãe?

*Martin canta de um lugar onde ausência insiste em virar presença.*
*Alfonsina ouve com atenção de mãe: o corpo todo (e o além-corpo) atento à voz que canta.*
*Alfonsina está viva, muito viva, distante da morte. Presente.*

**ANA:** Cachorro-quente.

**ALFONSINA:** Que é que tem?

**ANA:** Para comer à noitinha. Cachorro-quente.

**ALFONSINA:** Não vou conseguir comer nada que tenha cachorro no nome por esses dias.

**ANA:** Nem se o cachorro for o general?

**ALFONSINA:** Encontraram ele, finalmente?

**ANA:** No alto de Lá, com o Isse. Eu e a mãe dele deixamos comida. Comeu tudinho, mas rosnou ao ver a gente, acredita?

**ALFONSINA:** Sinal de que não é um cão sem som.

**ANA:** Sim, mas latir que é bom, o bicho não latiu. O bicho não late. Vai lá, Alfonsina, cuidar do que você inventou. Acho que o general espera por isso.

**ALFONSINA:** Eu vou, mas no meu tempo. Vivi demais no tempo dele.

**ANA:** E o cachorro-quente?

**ALFONSINA:** Já disse.

**ANA:** A gente faz outra coisa então... Pode ser *hot dog*?

**ALFONSINA:**

**ANA:** O problema é o nome? Se a salsicha estiver no pão com um molhinho bom, tá valendo. Batatinha. Crispy. Acácio vai fazer. A gente põe outro nome nisso. E, aproveita, põe outro nome no general. E se a gente chamar ele de Não?

**ALFONSINA:** Hoje você tá que tá, hein, Ana?

**ANA:** Falei isso e me veio o Sim todinho na cabeça. O Martin. Saudade, Alfonsina. É assim que eu tô.

**ALFONSINA:** É... Sabe uma coisa que eu nunca entendi, minha irmã?

**ANA:** O quê?

**ALFONSINA:** Purê de batata em cima do cachorro-quente.

**ANA:** Ah, eu também não. Irene é que faz essas coisas. Outro dia mesmo...

*As duas irmãs retornam à casa falando sobre cachorro-
-quente e purê. Ninguém mais escuta.*

*Os cães da Ilha de Lá latem saudade.*
*O general não.*

*De algum lugar, ainda lugar:*

*A memória é meu cãozinho e nunca me esquecerá.*
*A memória é meu cãozinho e nunca me esquecerá.*

*Ouve.*
*A memória é meu cãozinho e nunca me esquecerá.*

## Vestir-se de sim e de cão

Como cheguei aqui, neste pedaço de coisa gerada por letras, latidos e afins? Pulo a parte do encontro de mamãe e papai, da cópula possivelmente no fim de 1986, dos rótulos todos desde então. Passo a Salvador onde nasci, a Belo Horizonte onde cresci e me ponho no Rio de Janeiro onde estou. Pulo e passo sabendo que, verdade seja dita, não pulo e passo coisa alguma. Isso é só uma maneira de encontrar mais rápido o Chaplin, vira-lata carioca. Não haveria *cão gelado* sem ele. Chaplin foi a companhia mais fiel na escrita. Às vezes deitado ao meu lado, de barriga para cima ou encolhido, modo caracol. Em outras, mais como presença sonora, aproximando distâncias dadas por paredes e portas: as patas desenhando algum percurso, o nariz úmido e farejador, os latidos eventuais para anunciar que alguém acaba de entrar ou sair do elevador. O cão gelado só não se chama Chaplin porque, afinal, "tudo na vida começou com um sim". Ele é meu ponto de partida. Doce que só. Faminto que só. Sim.

Outro cão veio antes. Seguindo o desejo de mamãe, encontramos o poodle champanhe – nem branco, nem preto –, macho, de pequeno porte e nariz mais contido, diferente daqueles de circo que se equilibram, saltam e voam. O nome, sugestão dela, Bingo. Ainda tenho uma cicatriz no fura-bolo, resultado de uma de suas mordidas. Pois era assim, um passo mais pra lá do que pra cá, um gesto mais assim do que assado, a matemática canina se realizava, impiedosa: rosnado + dentes = sanguinho em você. Não havia critério para o ataque. Mordida certa só quando se cantava "Dança da fadinha" fazendo o gesto com a mão durante o refrão "bate, bate, eu vim te convidar". Anos 90. Por Merlin, ele detestava. O fura-bolo que o diga.

    A mudança para Beagá, a reclusão no apartamento novo, fez a raiva – a minha e a dele – aumentar. Nos despedimos numa viagem de férias para a velha Salvador, após a virada do ano na mítica Arembepe. Minha mãe disse que o cão não era feliz, que precisava de espaço para correr e que, infelizmente, não tínhamos condição de oferecer isso naquele momento. Um tio dela, dono de um sítio numa ilha, poderia cuidar dele. Não questionei. Aceitei a despedida, sem mordida, um consolo. A imagem dele correndo feliz numa ilha parecia boa. Parece boa até hoje. Talvez seja ingenuidade, a mesma que me fez abrir um livro de geografia, medir com régua a distância entre Salvador e Belo Horizonte e, diante dos pouquíssimos centímetros entre as capitais, respirar aliviado. Já volto. O espaço deixado pelo cão foi ocupado momentaneamente por dois hamsters – Pum e Bufa, batizados assim por minha mãe. Outro dia, não faz tempo, olhei para Chaplin e me dei conta de que Bingo certamente já morreu. Me dou conta de muitas coisas olhando para o cão. Como acontece quando se vê o mar. É comum lembrar que as cinzas do meu pai habitam o mar total quando vejo um mar qualquer. Mar e cão quase nunca são só mar e cão. Mãe também quase nunca é. Há palavras que são meio mágicas. Sim.

Quase, palavra estranha. Às vezes mágica, às vezes não.

Volto ao cão, o gelado. Tornei a lê-lo com desconfiança e temor. A vida havia se transformado tanto nos meses anteriores – caro leitor, ainda vivemos a pandemia e seu horror? – de maneira que seria compreensível que algo que antes me moveu e comoveu agora perdesse a temperatura. Chaplin estava por perto, menos por mim e mais pelo pão de queijo sobre a mesa, lembrando-me de que certas coisas não mudam. A leitura foi boa. Algum calor, algum querer bem, sei lá, alguma eletricidade me veio. São palavras minhas, frágeis e condenadas, portanto. O texto arborizado me levou à página em branco sobre a qual ele cresceu. Desde o início havia mãe, filho, cão e ilha, ainda sem nome, mas todos ali. Um desejo forte de escrever sobre ficção, invenção, sonho e poesia também, tomados como uníssonos, mas não sinônimos. A feitura se deu numa coreografia com o passado, embora eu só tenha tido consciência disso próximo ao ponto final.

As citações de Aníbal Machado e Carlos Drummond de Andrade, abracadabras do texto, foram colhidas dos livros que minha irmã precisou ler para o vestibular, hoje heranças minhas. Sobre "No meio do caminho", ela escreveu, provavelmente registrando o professor, "universo pessoal de uma dificuldade momentânea atravessa pelo eu lírico". Gosto de livros (re)habitados por outras pessoas. Lembro de *Água viva*, de Clarice Lispector, que encontrei na biblioteca pública de Beagá repleto de marcações, parágrafos inteiros grafados, sinalizando caos e afeto daquele que leu. Foi quando entendi que leitura pode ser intimidade e diálogo, a despeito da coisa pronta. Alfonsina é a da música que ouvi pela primeira vez no coral de um amigo cantor. A maioria das mulheres citadas no texto, mortas ou vivas, são próximas ou foram ou serão.

Mesmo distante da autobiografia, sinto que uma faísca diferente faria do cão um outro cão. O pai vivo ao invés do pai morto; a mudança para Curitiba e não para Belo Horizonte; Bingo ser Pingo, como todos entendiam que ele se chamava; a cicatriz no mindinho e não no fura-bolo; a adoção da cachorrinha marrom e serelepe que reparei de imediato e não a do mais quietinho, amedrontado, futuro Chaplin; outros livros no vestibular da minha irmã. Seria outro não fosse Milton Nascimento. Não fosse Gustavo. Seria outro se fossem outros os silêncios. Não penso nisso como destino, mas como fundação. Massa de modelar. Brinquemos com ela.

No meio do caminho, o núcleo de dramaturgia. Dezesseis pessoas, sala pequena e mesas unidas. Dezesseis ilhas. No afeto do encontro, arquipélago. O vocabulário içado ali serviu sempre à provocação e à conversa, nunca à certeza. Às vezes ele chegava aos pares, como fratura e sutura, legibilidade e estranhamento; em outras, como um palavrão desdobrável (quadridimensionalidade,[1] por exemplo). Em nenhum encontro flertou-se com a ideia de um modo de fazer. Havia, no mínimo, dezesseis modos, dezesseis sensibilidades aos choques, multiplicadoras e, ao mesmo tempo, disjuntoras de modos. *cão gelado* é filho dessa comunhão,

---

1. Diogo nos apresentou esse termo cunhado por José Sanchis Sinisterra, que explica: "Existem textos que, quando os lemos, percebemos em seu discurso uma tamanha teatralidade que despertam em nós o desejo de vê-los num palco, como se latejasse neles uma estranha quadridimensionalidade" (*Da literatura ao palco: Dramaturgia de textos narrativos*. Trad. Antonio Fernando Borges. São Paulo: É Realizações, 2016, p. 23).

cujo heterônimo (um dos, ao menos) é jogo. Jogo – palavra tão potente entre nós – é um jeito de trançar sagrado e profano, como sugere Giorgio Agamben, é restituição, é infância, é processo, é escuta, é experiência, é caminho inho inho inho. Digo isso porque é eco. Memória também. Para o cão, esse que não esquece, a memória é um tipo de fé, o próprio deus do cão.

O cão lambe e eu me lembro (ou o contrário) das outras ilhas de lá, sem as quais o jogo não existiria: Agatha, João, Gabriela, Leonardo, Lúcio, Marcos, Mayara, Paulo, Sérgio, Sonia, Suzana, Teo, Tiago e Zé Alex. Diogo é o coordenador, mas é sabido que o cargo não faz justiça ao afeto, à generosidade, à perspicácia e ao rigor sempre presentes. Em vista da publicação, Marcos, Suzana e eu nos reencontramos com Diogo – virtualmente, claro – para desassossegar as palavras e as intenções dos textos, adormecidos por meses no berço do confinamento. Aqui e lá fomos vasculhados, comentados, colocados sob suspeita, sem perder de vista o outro. Atentos à literatura, despreocupados com a cena que virá, se virá.

Algumas perguntas ainda estão aqui:

Isso que você chama de ficção, as pessoas da Ilha de Lá chamam de quê? Como criar contrapontos, jogar vez ou outra uma pá de cal na poesia?

Cumplicidade semelhante vivi apenas quando participei de um grupo de teatro (sempre ele) no ensino médio e, depois, na faculdade. Praticamente tive que dobrar de idade para reencontrá-la. Gracias por tanto. E digo menos: gracias.

Não fosse a pandemia, *cão gelado* chegaria ao palco do Teatro Firjan Sesi Centro no dia 1º de junho de 2020. A vida parou no início dos ensaios. O adiamento, claro, é consequência mínima diante das mortes desgovernadas. Inevitável a melancolia de viver a data e não ter o cão, mas a exigência maior desse tempo é outra, sabemos.

Que o cão volte a latir em dias melhores, apto ao encontro.

A crença de que o sofrimento leva à purificação sempre me causou espanto. Deriva daí o orgulho pela noite maldormida e pela exaustão, tidas como coluna vertebral da eficiência. Não é incomum entre quem escreve que a dor do processo cristalize certa glória íntima, como se a qualidade do que se faz fosse proporcional ao sacrifício que se fez. É o que chamam de recompensa-dor? Uma valsa com seu algoz, uma epifania da síndrome de Estocolmo, legitimada. A alegria adicional do jogo é o reconhecimento de que o caminho até o cão foi com o mínimo de angústia. Com labor do focinho ao rabo, sim, mas com sono em dia, visitas ao mar e passeios com Chaplin. Que labor resulte em sabor, que os desejos tenham sido concretizados, é outra história. Possibilidade bem-vinda, porém. A passagem pelo jornalismo impresso foi desastrosa nesse sentido – fora o malabarismo financeiro e a ideia de que o trabalho traz felicidade desmoronando diante de mim de novo e de novo. A dissertação do mestrado, uma escrita arredia, amarga até o fim, só adocicada com o afago da banca. Obviamente, aprovação conquistada, postei foto nas redes sociais e escrevi algo entre o alívio e a comemoração. Não há amadurecimento sem cinismo e emojis. Abro mão deles para grafar esse outro possível vivido no núcleo. Uma felicidade clandestina pra chamar de minha.

O que Michel Chion cunhou a partir do cinema pode ser também endereçado ao teatro. A despeito das inúmeras diferenças entre as artes, ambas são vococêntricas e verbocêntricas, ou seja, privilegiam a voz e, mais precisamente, a expressão verbal. Refletem com isso a vida ordinária, na qual voz e fala fixam uma imediata hierarquia de percepção. Que não se ignore a capacidade de o som vagabundear pelo espaço, atravessar paredes, de nos alcançar sem nos ver, dada a sua natureza fantasmagórica. Com ouvidos de espectador comum, sem me ater a experiências vanguardistas, me parece que o cinema desafia com mais afinco as possibilidades de o som povoar o que não é visto e criar atmosfera. O teatro, enquanto isso, se lambuza ao rasurar a inteligibilidade da fala, muitas vezes jogando contra a compreensão, investindo em sobreposições, desconexões, respostas que espertamente não respondem, ritmos frenéticos de fala etc. – nesse aspecto, *cão gelado* é um texto conservador. A cena teatral também está mais acostumada a lançar fluxos poéticos e épicos, com cuidado estimado ao texto dito, contrapondo o medo cinematográfico dos monólogos e da exposição, sintetizado no slogan "não conte, mostre". Nunca foram propriedades estanques, obviamente.

Essass brevíssimas noções mapeiam pormenores (nem tão menores) da ilha: a comunicação por fitas; o fato de haver uma guerra ouvida e jamais vista; o narrador-cão; a estranheza de uma voz sem corpo; a lembrança da mãe que canta para o filho distante; a conversa perene entre presença e ausência, apoiada pela voz que modula um e outro. Ó a voz. A voz sem a qual a confissão é quase nada. São laços para uma história fantástica, mas também tentativas de projetar texturas e granulações, outras materialidades, nos sons de Lá. Como é a fala de um cão? E a voz do filho ouvida numa fita é diferente da ouvida na alucinação? É possível que Lá seja ambientada sem o som do mar ou é o próprio som de mar a origem sonora de Lá? Como cuidar dessas vozes? Quando o silêncio é impossível? O que pode resultar do embate entre expressão e expressividade? Que voz ou sons tem a memória?

Cão é princípio. Não só começo, mas fundamento. Escrevo consciente – ou cãociente? – da infinidade de modos de ser e estar dos cães, mas insisto no substantivo singular, generalizando aqui a sua potência, para firmar uma ideia de excesso. Ideia do cão como um ser desmedido na carência, no afeto, às vezes na violência. A palavra tem lastro teórico, mas o uso que faço do excesso é o corrente. O cão que come sem bastar – ora, Chaplin me ama, mas prefere filé mignon, obrigado. O cão que atravessa a casa num trote frenético. O cão choroso por causa do brinquedo debaixo do sofá. O cão desesperado se o dono se finge de morto, e efusivo ao ouvir "você me salvou, você me salvou". O cão emocionado com a música feita para ele. O cão que memoriza a vida pelo cheiro e que conversa pelo rabo.

*cão gelado* responde a esse instinto, embora ao cão do texto faltem tais atributos. É um cão morto, narrador, pura memória, pura sensação. Ou seja, sem pureza alguma, ainda bem. Ele é a chave para a criação de um universo – um universo ilha – que excede, rosna para o essencial e se esforça para não ter só direito aos ossos. Esse texto não foi feito na *airfryer*. Voltei a ele com papel-toalha para enxugar um pouco da gordura, deixá-lo menos brilhoso, mas a brincadeira sempre foi outra, com direito à bossa – assim o jornalismo (só o carioca?) se refere ao que não é objetivo e factual, ao enfeite.

    Tentei conciliar a contação da história com a proteção de suas insignificâncias. Pelos títulos dos quadros, sabe-se o enredo. É a mão de Alfonsina organizando a espuma no cabelo do filho. Depois, mãos que desorganizam para receber água, a cena se abre, sem se deixar limpar por completo. A memória é sempre suja, o cão diz. Como engrenagem de locomoção, dei a mão ao folhetinesco, com sua dinâmica de revelações guarnecidas de melodrama. No fim das contas, são mães, filhos, amores, cães, guerra e mar. Topografias reconhecíveis, primitivas até, denominadores comuns de vidas além desta. Que olhos viventes confirmem. A emoção me assusta, mas me aproximo dela por um desejo tão arbitrário quanto a ficção. A saudade, sentimento primeiro em *cão gelado*, não é apenas fonte de melancolia. Há nela uma força própria que faz seguir adiante, nem que seja para fabricar mais saudade.

    Mulher com pais e filho mortos, sem passado e futuro a não ser nela mesma, Alfonsina trama uma forma de sobreviver ao presente. Ficcionaliza o real já cercado de ficção por todos os lados, na ilha ou alhures. Não repete a sina abotoada ao nome. Afasta-se do destino, com pés que se esforçam para diferenciar o que é mar e o que não é. À irmã cabe tentar reter o tempo, enganá-lo fazendo uso de repetições que tornam espesso o etéreo do sonho. Ficcionaliza também, a seu jeito. O cão une as casas, as mães, os filhos, os quadros, as presenças em vias de serem ausência. Na morte resta a memória, fiel e faminta como um cão, queimando-o por dentro, não importa o gelo que o embrulha. Fricciona e ficcionaliza.

    Há sempre a possibilidade de o mundo não ter sido terminado. Bendito o cão que lembra: ele nunca terá sido.

Diogo fala que *cão gelado* tem raiz mineira. A presença forte do mar me impedia de concordar prontamente, mas faço do comentário um atalho para um fim. Foi mesmo em Minas – na solidão de sentir o estado mudar, na solidão que é viver em outra cidade e não conhecer ninguém, na solidão de se saber diferente, na solidão de ver alguém morrer pouco a pouco e sempre – que entendi que, se não existe mar, se não se pode ir até ele, você inventa um. Você inventa. Chame de quarto, sonho, sopa, cinema, cão, poesia, teatro, não importa. Você inventa. Encaro menos como fuga e mais como um tipo de roupa para frequentar o real. Tipo traje espacial.

Até o inté!

**Filipe Isensee**

© Editora de Livros Cobogó, 2021

Editora-chefe
Isabel Diegues

Editora
Mariana Delfini

Gerente de produção
Melina Bial

Revisão final
Débora Donadel

Projeto gráfico de miolo e diagramação
Mari Taboada

Capa
Guilherme Ginane

A Firjan SESI não se responsabiliza pelo conteúdo publicado na dramaturgia e no posfácio deste livro, sendo os mesmos de exclusiva responsabilidade do autor.

CIP-BRASIL. CATALOGAÇÃO-NA-FONTE
SINDICATO NACIONAL DOS EDITORES DE LIVROS, RJ

I75c
Isensee, Filipe
Cão gelado / Filipe Isensee.- 1. ed.- Rio de Janeiro : Cobogó, 2021.
104 p. (Dramaturgia)

ISBN 978-65-5691-050-5

1. Teatro brasileiro. I. Título. II. Série.

21-74142
CDD: 869.2
CDU: 82-2(81)

Camila Donis Hartmann- Bibliotecária- CRB-7/6472

Nesta edição, foi respeitado o Acordo Ortográfico da Língua Portuguesa de 1990, que entrou em vigor no Brasil em 2009.

Todos os direitos em língua portuguesa reservados à
**Editora de Livros Cobogó Ltda.**
Rua Gen. Dionísio, 53, Humaitá
Rio de Janeiro — RJ — Brasil — 22271-050
www.cobogo.com.br

**Outros títulos desta coleção:**

COLEÇÃO DRAMATURGIA

ALGUÉM ACABA DE MORRER LÁ FORA, de Jô Bilac
NINGUÉM FALOU QUE SERIA FÁCIL, de Felipe Rocha
TRABALHOS DE AMORES QUASE PERDIDOS, de Pedro Brício
NEM UM DIA SE PASSA SEM NOTÍCIAS SUAS, de Daniela Pereira de Carvalho
OS ESTONIANOS, de Julia Spadaccini
PONTO DE FUGA, de Rodrigo Nogueira
POR ELISE, de Grace Passô
MARCHA PARA ZENTURO, de Grace Passô
AMORES SURDOS, de Grace Passô
CONGRESSO INTERNACIONAL DO MEDO, de Grace Passô
IN ON IT | A PRIMEIRA VISTA, de Daniel MacIvor
INCÊNDIOS, de Wajdi Mouawad
CINE MONSTRO, de Daniel MacIvor
CONSELHO DE CLASSE, de Jô Bilac
CARA DE CAVALO, de Pedro Kosovski
GARRAS CURVAS E UM CANTO SEDUTOR, de Daniele Avila Small
OS MAMUTES, de Jô Bilac
INFÂNCIA, TIROS E PLUMAS, de Jô Bilac
NEM MESMO TODO O OCEANO, adaptação de Inez Viana do romance de Alcione Araújo
NÔMADES, de Marcio Abreu e Patrick Pessoa
CARANGUEJO OVERDRIVE, de Pedro Kosovski
BR-TRANS, de Silvero Pereira
KRUM, de Hanoch Levin
MARÉ/PROJETO bRASIL, de Marcio Abreu
AS PALAVRAS E AS COISAS, de Pedro Brício
MATA TEU PAI, de Grace Passô
ÃRRÃ, de Vinicius Calderoni
JANIS, de Diogo Liberano
NÃO NEM NADA, de Vinicius Calderoni
CHORUME, de Vinicius Calderoni

**GUANABARA CANIBAL**, de Pedro Kosovski
**TOM NA FAZENDA**, de Michel Marc Bouchard
**OS ARQUEÓLOGOS**, de Vinicius Calderoni
**ESCUTA!**, de Francisco Ohana
**ROSE**, de Cecilia Ripoll
**O ENIGMA DO BOM DIA**, de Olga Almeida
**A ÚLTIMA PEÇA**, de Inez Viana
**BURAQUINHOS OU O VENTO É INIMIGO DO PICUMÃ**, de Jhonny Salaberg
**PASSARINHO**, de Ana Kutner
**INSETOS**, de Jô Bilac
**A TROPA**, de Gustavo Pinheiro
**A GARAGEM**, de Felipe Haiut
**SILÊNCIO.DOC**, de Marcelo Varzea
**PRETO**, de Grace Passô, Marcio Abreu e Nadja Naira
**MARTA, ROSA E JOÃO**, de Malu Galli
**MATO CHEIO**, de Carcaça de Poéticas Negras
**YELLOW BASTARD**, de Diogo Liberano
**SINFONIA SONHO**, de Diogo Liberano
**SÓ PERCEBO QUE ESTOU CORRENDO QUANDO VEJO QUE ESTOU CAINDO**, de Lane Lopes
**SAIA**, de Marcéli Torquato
**DESCULPE O TRANSTORNO**, de Jonatan Magella
**TUKANKÁTON + O TERCEIRO SINAL**, de Otávio Frias Filho
**SUELEN NARA IAN**, de Luisa Arraes
**SÍSIFO**, de Gregorio Duvivier e Vinicius Calderoni
**HOJE NÃO SAIO DAQUI**, de Cia Marginal e Jô Bilac
**PARTO PAVILHÃO**, de Jhonny Salaberg
**A MULHER ARRASTADA**, de Diones Camargo
**CÉREBRO_CORAÇÃO**, de Mariana Lima
**O DEBATE**, de Guel Arraes e Jorge Furtado
**BICHOS DANÇANTES**, de Alex Neoral

## COLEÇÃO DRAMATURGIA FRANCESA

É A VIDA, de Mohamed El Khatib | Tradução Gabriel F.

FIZ BEM?, de Pauline Sales | Tradução Pedro Kosovski

ONDE E QUANDO NÓS MORREMOS, de Riad Gahmi | Tradução Grupo Carmin

PULVERIZADOS, de Alexandra Badea | Tradução Marcio Abreu

EU CARREGUEI MEU PAI SOBRE MEUS OMBROS, de Fabrice Melquiot | Tradução Alexandre Dal Farra

HOMENS QUE CAEM, de Marion Aubert | Tradução Renato Forin Jr.

PUNHOS, de Pauline Peyrade | Tradução Grace Passô

QUEIMADURAS, de Hubert Colas | Tradução Jezebel De Carli

## COLEÇÃO DRAMATURGIA ESPANHOLA

A PAZ PERPÉTUA, de Juan Mayorga | Tradução Aderbal Freire-Filho

ATRA BÍLIS, de Laila Ripoll | Tradução Hugo Rodas

CACHORRO MORTO NA LAVANDERIA: OS FORTES, de Angélica Liddell | Tradução Beatriz Sayad

CLIFF (PRECIPÍCIO), de José Alberto Conejero | Tradução Fernando Yamamoto

DENTRO DA TERRA, de Paco Bezerra | Tradução Roberto Alvim

MÜNCHAUSEN, de Lucía Vilanova | Tradução Pedro Brício

NN12, de Gracia Morales | Tradução Gilberto Gawronski

O PRINCÍPIO DE ARQUIMEDES, de Josep Maria Miró i Coromina Tradução Luís Artur Nunes

OS CORPOS PERDIDOS, de José Manuel Mora | Tradução Cibele Forjaz

APRÈS MOI, LE DÉLUGE (DEPOIS DE MIM, O DILÚVIO), de Lluïsa Cunillé | Tradução Marcio Meirelles

2021

1ª impressão

Este livro foi composto em Univers.
Impresso pela Imos Gráfica
sobre papel Pólen Bold 70g/m².